手工基础

主　编：蒯欢欢　陈　培

副主编：谢　琼　吴　慧　曾玉玲

　　　　祝丹平　童盛强

参　编：朱　晔　冀秋阳　陈晓燕

　　　　孙　涛　涂　越

广东高等教育出版社

Guangdong Higher Education Press

·广州·

内容简介

本教材旨在培养实践能力强的高素质人才，贯彻思政教育目标，实现立德树人的任务。内容结合美术和学前教育需求，平衡基础教学与实践应用、传统与创新、实用性与趣味性。结构参考《3~6岁儿童学习与发展指南》艺术教育目标，分为五大项目：赏幼儿手工之美、品纸艺手工之巧、观泥塑手工之趣、言布艺手工之灵动、创综合手工之新意。设计由易到难，任务独立又相互衔接，便于教师灵活使用，确保课程连贯性。每个项目后有拓展部分，融入传统文化，提供探究学习机会，实现思想引领和价值塑造。每个任务附有课后练习和作品欣赏，配备数字化教学资源，通过二维码形式提供，提升教学效果。

图书在版编目（CIP）数据

手工基础/蒯欢欢，陈培主编. -- 广州：广东高等
教育出版社，2025.1. --ISBN 978-7-5361-7776-5

Ⅰ. ① G613.6

中国国家版本馆 CIP 数据核字第 2024YN2648 号

手工基础

SHOUGONG JICHU

出版发行	广东高等教育出版社	
	社址：广州市天河区林和西横路　电话：（020）87554153	
	http://www.gdgjs.com.cn	
印　刷	茂名市红旗印刷集团彩印有限公司	
开　本	787 毫米 ×1 092 毫米　　　1/16	
印　张	11.5	
字　数	300 千	
版　次	2025 年 1 月第 1 版	
印　次	2025 年 1 月第 1 次印刷	
定　价	56.00 元	

如发现印装质量问题，请直接与印刷厂联系调换。

前　言

随着 2021 年 12 月《"十四五"学前教育发展提升行动计划》的发布，我们迎来了全面提升保教质量、深化幼儿园教育改革、全面推动教研改革、健全质量评估体系、提高教师专业素质和实践能力的新机遇。这一行动计划的实施，旨在进一步推进学前教育的普及、普惠、安全和优质发展，加快学前教育专业课程改革与教材建设，培养高素质的幼儿教师。

学前儿童美术教育是一项基于对幼儿美术学习规律与特点的深入理解，旨在通过积累美术经验，促进幼儿全面发展的教育活动。手工教学作为学前美术教育的重要组成部分，不仅锻炼学生的动手能力，激发想象力，还涉及生活废弃品的二次开发、设计与创造。我们致力于培养具备先进教育理念、较强审美能力、良好职业道德和素养、扎实专业基础和过硬教学技能的高素质实践应用型人才。

本教材以学生职业岗位的实际应用与发展为目标，紧密结合美术教育和学前教育的需求，充分体现课程改革理念和幼教职业技能的特点。教材内容分为五大项目，涵盖十一个子任务。项目一"赏幼儿手工之美"主要介绍手工知识和欣赏；项目二"品纸艺手工之巧"专注于纸材料手工；项目三"观泥塑手工之趣"涵盖传统泥塑和幼儿园超轻黏土；项目四"言布艺手工之灵动"介绍传统扎染和布艺玩具制作；项目五"创综合手工之新意"则以自然材料和环保废物利用为主。教材采用简洁明了的文字叙述，并配合丰富的手工作品图示，提升学生的学习体验感和接受度。内容选择以案例为导向，强调教与学的互动，学与做的结合，遵循传统与创新、实用与趣味相结合的原则，努力满足岗位工作的实际需求，培养行业所需的技能。

教材编写团队由教育专家、教研人员和一线骨干教师等组成，通过多次研讨和修改，完成了本教材的编写。本教材的显著特点包括以下几点。

1. 立德树人，课程思政

本教材全面贯彻教育部《高等学校课程思政建设指导纲要》（2020）精神，深入研究育人目标，推进课程思政建设，落实立德树人的根本任务。从价值塑造、知识传授和美术教育能力培养三方面挖掘教育元素，形成体现中华传统文化、劳动光荣、民族精神、工匠精神、创造伟大的思政内容重点，发挥课程育人作用，实现对学生的思想引领和价值塑造，

传承非遗民族艺术文化，提升道德修养，推动新时期美育与德育协同育人的建设。

2. 锚准定位，岗课融合

本教材以教育类专业人才培养定位为依据，参考《3~6 岁儿童学习与发展指南》艺术领域的教育目标，融入幼教指导内容，体现幼儿园的真实活动案例，注重园校合作开发优质教材，加强学生岗位能力和课程内容的互通融合，为培养实践应用型人才，促进美育课程改革建设提供参考。

3. 精讲多练，资源共享

本教材遵循"技能是练出来"的宗旨，在完成必要教学指导的基础上，设置了课后拓展练习和相关图例参照，为教师教中做、学生做中学提供参考。同时，教材配备丰富的数字化教学资源，以二维码的形式呈现，扫一扫即可观看相关视频和下载相关课件或教案，方便教师的授课和学生的学习。

本教材由蒯欢欢、陈培担任主编，谢琼、吴慧、曾玉玲、祝丹平、童盛强担任副主编，朱晔、冀秋阳、陈晓燕、孙涛、涂越参与了本书框架设计讨论。教材配套资源由蒯欢欢、吴慧、陈培及童盛强完成，作品欣赏大部分来自于蒯欢欢指导的广东省外语艺术职业学院学前教育学院 2021012501、2021012502 两个班级的学生课堂作品。教材的编写得到了主编所在单位领导的大力支持，在此表示衷心的感谢；对广东省外语艺术职业学院学前教育学院张莉院长、谢琼主任、冀秋阳主任，对 2019 级至 2021 级所有提供创作作品的同学表示感谢！

本教材是为了适应当今学前教育形势的需要，推动学前教育专业高质量高层次师范教育的发展和完善所编写的，适合中高职学前教育专业、早期教育专业学生使用，也可供幼儿园教师、其他教育机构的手工工作者和广大的手工爱好者参考使用。教材在编写过程中，参考了相关领域的著作和文献资料，并得到广州市番禺区锦绣香江丹桂幼儿园、番禺区锦绣香江华府幼儿园、新造新苗幼儿园、爱立幼儿园、小谷围街实验幼儿园和东莞市霓欧幼儿园等幼儿园的大力支持，以及佛山市禅城区肃雅陶艺设计工作室、汕头市南洋文化发展有限公司的支持，在此表示诚挚的谢意！本教材中个别图例选自网站或相关出版社，在此表示真诚的谢意！

由于时间和水平有限，教材中难免有疏漏和不足之处，恳请各位专家、同行和读者批评指正，以便再版时加以完善。

编 者

2024 年 10 月 10 日

目 录

项目一 赏幼儿手工之美

　　手工制作在幼儿园教学中的应用已经十分普遍，对幼儿作品的欣赏、加工和装饰是每一位幼师的必备技能。本项目将介绍幼儿手工的分类、幼儿手工能力的发展特点与教育意义，欣赏幼儿园常见手工作品，其中掌握不同年龄段幼儿动手能力的发展特点与教育意义是重点。

学习目标

通过本项目的学习，将实现以下学习目标。

知识目标

1. 了解手工的分类，知道幼儿园常见手工制作的类别。
2. 认识幼儿手工制作的教育意义。

能力目标

能说出不同年龄段幼儿动手能力的发展特点，懂得欣赏幼儿手工作品。

素养目标

培养耐心、细心和爱心，增强师幼情感共鸣。

任务一　手工概述

一、手工的概念与分类

① 手工的概念

手工是运用手的技能和使用简单的工具对材料进行加工与创造的造型活动。手工具有造型性、视觉性、材质肌理的特点，是激发幼儿探求知识的必要途径。在幼儿园可以组织幼儿进行创造性手工活动，让幼儿多捏、多折、多剪、多画、多做、多练，促进幼儿智力和情感的发展。

② 手工的分类

（1）以空间占有形态分。

从空间占有形态可分为平面手工和立体手工。

平面手工是指在纸上或平面物体上进行艺术创作的手工作品，如剪纸、贴纸、撕纸、染纸等形态。

立体手工是指具有三维立体空间形态的手工作品，如折纸、纸浮雕、纸圆雕、纸花、黏土、布娃娃、玩偶等。

（2）从手工制作材料的性质上分。

从手工制作材料分，可分为纸工、泥工、布工、彩绘、绳工、自然物、综合材料运用等。

（3）从作品用途上分。

由作品用途分类，可分为实用型、观赏型、技能训练型等。

二、幼儿园常见手工作品赏析

幼儿园手工作品赏析是对幼儿通过手工活动完成的作品进行评价和欣赏的过程，这类赏析活动对幼儿的创造力、想象力以及动手能力的发展都有积极的影响。在进行赏析时，教师应保持正面鼓励的态度，关注幼儿在创作过程中的努力和进步，而不仅仅是结果。要尊重每个幼儿的作品，了解其背后的创作过程和幼儿的思维方式，帮助幼儿学会接受建设

性的反馈，提高他们的自信心和艺术表达能力。同时，教师和家长也应该引导幼儿看到自己和同伴作品的亮点，促进相互之间的学习和欣赏。

作品欣赏

铺首衔环

端午粽

（上面两图来源于向日葵艺术中心）

黏土挂画

（图片来源于番禺区锦绣香江华府幼儿园）

开学啦

（图片来源于番禺区锦绣香江丹桂幼儿园）

拓展练习

1. 思考可以从哪些方面对幼儿手工作品进行分析，并尝试点评 1~2 件幼儿手工作品。
2. 收集并跟进幼儿园手工教学活动，尝试进行观察分析并做好记录。

任务二　手工制作与学前儿童教育

一、幼儿手工能力发展

手工制作是幼儿园常见的美术形式之一，幼儿参与手工制作活动可以提高幼儿的观察力、感受力，同时也能在边玩边做的过程中体会制作的乐趣，提高创作表现力。0~6 岁幼儿在不同的年龄段其动手能力有不同程度的发展，了解各阶段年龄特征有助于幼儿教师更好地组织和开展幼儿教育活动。

① 玩耍阶段（2~4 岁）

此阶段幼儿没有明确的目的和意义，只是纯粹的玩耍。此阶段后期，幼儿逐渐学会用手掌把粘贴压平，伸展、用指尖挖，用手指撕碎纸或者用剪刀随意剪除纸条、纸片，并给予命名。

② 直觉表现阶段（4~5 岁）

此阶段幼儿表现欲非常强，喜欢使用剪刀等工具进行创作，已经有了创作意图，能利用黏土的可塑性去展开尝试，能用纸张折出简单的物体造型，能用剪刀剪出简单图形，全神贯注地完成自己的作品。

③ 灵动表现阶段（5~6 岁）

幼儿手腕和手眼协调能力不断发展，5~6 岁幼儿已经不满足于仅使用一两种技能制作简单物体，他们喜欢多种材料表现，并且具备了初步的合作意识与能力，教师可以引导幼儿合作完成作品，加深同伴情感。

二、手工制作的教育意义

著名教育家蒙台梭利提出："在孩子的幼年时期，陪孩子玩和做手工是两件最重要的事情。"随着社会的发展，家长们越来越注重美术教育对于儿童成长的积极意义。幼儿在做手工游戏时，会用到手，进而促进手腕和手指等小肌肉群的运动，还会用到眼睛、耳朵、大脑等多个器官以促进手眼协调，刺激大脑对应部分的联结反应，提升全脑智力开发。幼儿参与手工制作活动能迎合相应年龄阶段儿童的心理生理特点，培养幼儿的审美情趣和综合能力发展。

① 培养幼儿的感知力和观察力

幼儿在生活中所接触的事物，会通过手工制作展现出来，例如剪纸，幼儿一开始可以剪长条，或剪出简单的形状，慢慢熟练之后，就可以尝试更为复杂的图形，这样就在手工制作中不知不觉地培养了幼儿的感知能力。他们进行手工制作时通常会选择生活中常见的事物，如果幼儿平时善于观察，那么做出来的东西就会惟妙惟肖，更注重细节上的变化，长此以往，自然养成注意留心身边事物的习惯。

② 培养幼儿的毅力和自信心

幼儿独立完成一件手工制作品是需要手脑齐用的，在这个过程中幼儿会遇到很多的问题，如果能坚持做完，也是一种毅力的表现。无论幼儿的手工制作完成品是什么样的，教师们都应该给予表扬和肯定，让幼儿建立自信心。

③ 培养幼儿的动手力和创造力

在做手工时，经常是教师先提供一些事物的图片或实物造型，引导幼儿去思考，再调动他们的热情，尽情地发挥自己的想象力。这样不仅锻炼了幼儿的动手能力，他们的创造能力也得到了很好的培养。手工制作不仅仅要靠幼儿头脑中的创造能力，还要让幼儿把这个创造能力搬到真实的生活中，用自己的手来完成这个创造。对于幼儿来说，从最初的设计、创造到后期的规划、制作，都要亲自动手一点一点来完成，这是培养他们独立完成一件事情最好的办法。

幼儿动手创作

（图片来源于番禺区锦绣香江丹桂幼儿园）

④ 促进幼儿思维发展增添生活乐趣

手工制作虽然有很多的艺术表现形式，但是不管哪一种，都需要精心构思作品的意境、内容、布局、形状与色彩，才能最终完成制作。构思不同，作品的效果就不同，显然，对手工作品的积极构思，可以促进幼儿的思维发展。多做手工不仅学到了本领，还能给日常生活添加一些乐趣。家长可以多邀请幼儿一起做手工，在制作之前，可以先告诉他们要做的内容、制作的过程和顺序，然后和幼儿一起准备手工制作材料。在这个过程中，多让幼儿参与其中，让他们体验过程的乐趣。

拓展练习

1. 请说一说幼儿手工能力发展分为哪些阶段，并简要概括其特点。
2. 思考为什么要进行幼儿手工教学活动。
3. 收集幼儿园优秀手工活动案例并欣赏。

探寻传统

岭 南 押 花

岭南押花是一种以天然植物花卉为材料的传统手工艺，始于秦汉，盛于唐宋，发展于当代，是一门囊括各种植物粘贴工艺的传统手工技艺。于2017年被列入中国非物质文化遗产名录中。

押花是运用大自然中的花卉（根、茎、叶、花、果、种子等部分，或者植物整株），经过整理、加工、脱水，保持花的原有色彩和形态，依其天然形态、纹脉和色泽，经过创作者的精巧构思和艺术设计，用创意时尚的手法将源自大自然的灵性和美丽长久定格。押花艺术品的造型可以是人物、动物、风景，也可以是某种植物或原花的再现，以达到留住春天、凝固美丽的艺术效果，给人带来美的享受。岭南押花的独特之处在于：用材上，轻裁剪重原态；画风上，轻写实重写意；工艺上，轻墨守成规重跨界融合；教学上，轻照搬重创意。每一次押花的创作过程，都是抽象的思维与具象的各色植株，不断激发出奇思妙想的过程，都是用创意不停地叩响智慧之门的过程。

岭南押花，在弘扬传统文化、激发创意思维、提升审美、心理疗愈、多元劳动教育等方面，发挥举足轻重的作用。近年来，广州市政府组织各方力量对岭南押花艺术进行挖掘、整理、保护及支持，傅庆军老师是现非遗岭南押花艺术代表传承人之一，他秉持匠心，潜心钻研技艺，以天然植物代替笔墨创作出一幅又一幅栩栩如生的押花画，并将老手艺推陈出新，形成别具一格的岭南押花艺术。傅庆军于2010年被广州市评为"传承文化100双手"，手模被广州国家档案馆收藏。

作品欣赏

傅庆军《岁寒三友》（220 cm x 80 cm）

傅庆军《立春 迎春花》
（40 cm x 40 cm）

傅庆军《立夏 三色堇》
（40 cm x 40 cm）

傅庆军《立秋 鸡冠花》
（40 cm x 40 cm）

项目二　品纸艺手工之巧

　　纸艺手工是我国民间流传已久的手工制作艺术，它富于变化，生动形象，可塑性极强，幼儿在游戏／学习的过程中，必须一步一步地进行，既可以使幼儿养成按步骤、有顺序认真做事的良好习惯，又锻炼了幼儿的手指灵活性，开发他们的动手能力和创新能力，也可以培养他们的观察力和对空间的感知力。本项目将介绍折纸、剪纸、衍纸、皱纹纸、瓦楞纸等不同形态的纸造型，其中各种纸形态造型的制作方法是重点。

学习目标

通过本项目的学习，将实现以下学习目标。

知识目标

1. 了解中国纸造型艺术的历史，分析对比全国各地传统纸艺造型的艺术特色。

2. 知道折纸、剪纸、衍纸、皱纹纸、瓦楞纸等不同形态的纸造型形式，熟悉工具材料，感受纸艺制作的形式美，丰富审美认知。

能力目标

1. 学会折纸、剪纸、衍纸、皱纹纸、瓦楞纸等的基本技法，在学习过程中掌握归纳方法，能够发明新样式，进而能举一反三运用到幼儿园实践中。

2. 学会欣赏和创造不同纸形态造型作品，逐步提升对中国民间艺术作品的审美鉴赏能力。

素养目标

1. 激发创造性思维能力，提高表现生活和表达自己思维、情感的能力。

2. 培养观察能力、动手操作能力、立体思维和创造能力。

3. 通过尝试制作和创作，形成热爱纸造型艺术的思想情感，增强文化自信和民族认同感，自觉发扬我国优秀传统艺术。

一、折纸介绍

折纸又称"工艺折纸"，是用一至数张纸折叠成各种模仿动物、植物、实物或抽象的模型。折纸模型除了可供赏玩之外，还可与自然科学结合在一起，成为建筑教学的教具，并发展出折纸几何学成为现代几何学的一个分支。折纸既是一种玩具，也是一项思维活动、一种消遣方式。折纸是学前儿童美术教育中手工教育的内容之一，是学前儿童美术教育不可缺少的组成部分，有着自身独特的教育目的和意义。

折纸作品

① 折纸历史

折纸起源于中国，其历史可追溯到公元583年，当时佛教和尚从中国经朝鲜去日本时，带去了许多纸，由于当时纸张非常昂贵，所以他们用时格外小心，而折纸也成了礼仪交往的一部分，折纸艺术就是从那时起一代代传下来的。折纸可启发人们的创造力和逻辑思维，更可促进手脑的协调。在过去的几十年，经过新一代折纸家的不懈努力，现代折纸技术已发展至前所未有的境界，甚至可以说是超越一般人所能想象的地步，很难想象那些极其复杂而又栩栩如生的折纸作品是由一张完全未经剪接的纸所折出来的。现代折纸已经不再只是幼儿的游戏，它也是一种既富挑战性又能启发思维的有益身心的活动。

② 折纸对幼儿教育的意义

（1）提高动手能力。

手工折纸活动可以让幼儿在折纸的过程中学会思考，锻炼手的协调性，提高幼儿的动手操作能力。在幼儿学折纸的初期，教师可以教幼儿一些简单的折叠方法，如对边折、对角折、集中一角折、四角向中心折等。

幼儿折纸活动

（图片来源于番禺区新造新苗幼儿园）

（2）提高空间思维力。

折纸中最神奇的地方就是可以实现从 2D 平面到 3D 空间的转换。平面的纸张变身为立体几何图形，对幼儿的刺激尤为明显，不仅能加深幼儿对几何图形的感知，还能帮助他们建立空间感，完成从平面到空间的一次跳转。幼儿的空间想象能力也在一次次的折叠过程中得到提高。

立体折纸活动

（图片来源于番禺区小谷围街实验幼儿园）

（3）提高创新想象力。

折纸的过程，需要幼儿集中注意力，力求准确、流畅。折纸的可塑性极强，可以说是千变万化，每张纸分成多少等分、长度如何确定、做成什么形状、先后顺序是怎样，都是有讲究的。在动一动、想一想、折一折的过程中，幼儿自然而然能获得有关数学的感性经验，建立起有序思考，所以通过折纸活动可以发展幼儿的创造力、想象力、形象思维能力，建立规律思考、正向思考、逆向思考、发散思考等思维模式。

（4）促进智力全面发展。

每一种折纸，都是一种物体的空间造型。幼儿在折纸时，想要完成某个图形，就必须动脑思考，反复实践，使自己所折的形状符合实际物体的形象。通过人、脑、手的相互联系作用，促进幼儿智力的发展，正如俗话所说的"心灵手巧"。

二、材料与工具

折纸一般所需的材料和工具有彩色折纸、白乳胶、双面胶、剪刀、铅笔等。

三、折纸基本技法

① 折纸符号

学习折纸之前需要认识几种常见的折纸符号，再复杂的手工折纸也是由最基本的符号组成，了解和掌握基本的折纸符号，以便后期看懂折纸步骤，变换折纸方法。

（1）谷折线。

谷折线是最常用的，用长虚线表示往前折，如下图所示。

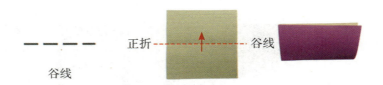

（2）山折线。

山折线也叫峰折线，其折线刚好和谷折线方向相反，用点虚线表示往后折，如下图所示。

（3）细直线。

细直线表示已有折痕，通常为步骤中标识出之前折过的位置所用，如有剪刀符号则表示剪开，如下图所示。

（4）黑实心箭头。

黑实心箭头表示往前折，一般与谷线配合使用，如下图所示。

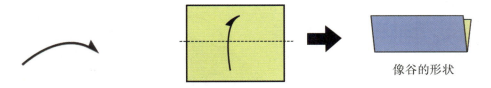

像谷的形状

（5）空心箭头。

空心箭头表示往后折，一般与山线配合使用，如下图所示。

（6）来回箭头。

来回箭头表示折出折痕，纸张还是要还原成初始状态，留下折痕，如下图所示。

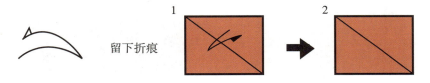

留下折痕

（7）回旋箭头。

回旋箭头表示转向，即把作品翻个面，翻到背面，如下图所示。

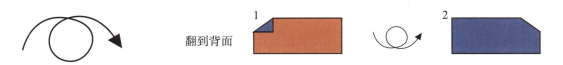

翻到背面

（8）大空心箭头。

大空心箭头表示拉出，用于注明纸层在空间上的位移，如下图所示。

（注：短虚线表示隐藏纸层，该处表示需要拉出的纸角的形状）

（9）尖尾空心箭头。

尖尾空心箭头表示放大，用于展现作品局部位置的细致折法，如下图所示。

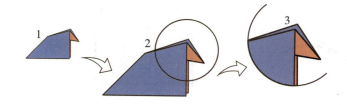

② 折纸基本折法

折纸是我国民间传统艺术品之一。尽管折纸形态千变万化，但离不开以下 9 种基本折法，掌握基本方法才能创造性学习。

（1）对边折。如下图所示。

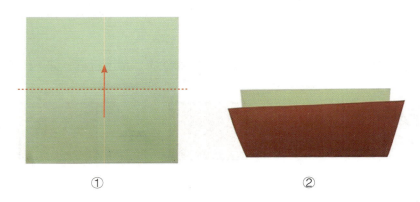

①   ②

（2）对角折。如下图所示。

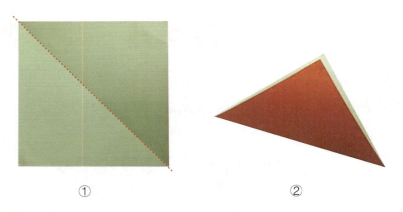

①   ②

（3）集中一角折。如下图所示。

之一

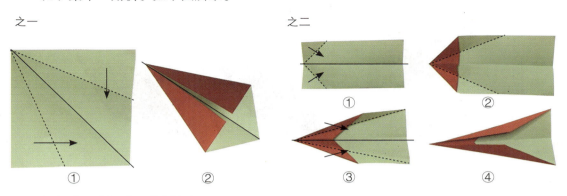

①　　　　　②

之二

①　　　　　②

③　　　　　④

（4）向心折。如下图所示。

之一

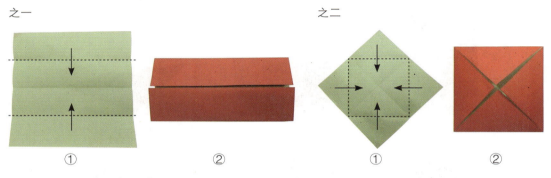

①　　　　　②

之二

①　　　　　②

（5）双正方形折。如下图所示。

①　　　　　②　　　　　③

（6）双三角形折。如下图所示。

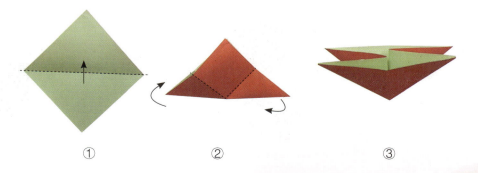

①　　　　　②　　　　　③

（7）单菱形折。如下图所示。

①　　　　　　②　　　　　　③

（8）双菱形折。如下图所示。

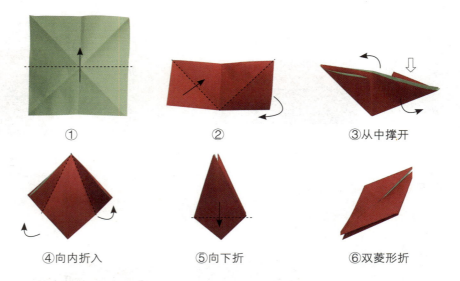

①　　　　　　②　　　　　　③从中撑开

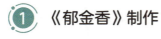

④向内折入　　　　⑤向下折　　　　⑥双菱形折

四、折纸制作

（一）平面折纸

①　《郁金香》制作

▶▶▶ **制作步骤：**

1 ○━●⬤⬤⬤

准备 1 张边长 15 cm 的红色彩纸和 2 张边长为 10 cm 的绿色彩纸、白乳胶。

2 ○━●⬤⬤⬤

取边长 15 cm 的红色彩纸，沿对角线对折再对折压出折痕。

3 ○━●⬤⬤⬤

将两边底角往上折，折至底边 3/4 处，注意两边对称。

4 ○━●⬤⬤⬤

翻过来，将两边角反折留出小角，得到花苞。

5 ○━●⬤⬤⬤

再取 2 张边长为 10 cm 的绿色彩纸，分别沿对角线对折。

6 ○━●⬤⬤⬤

把两张绿色彩纸拼装组合，将两个底角一同向上翻折，得到叶子。

7 ○━●⬤⬤⬤

将郁金香花苞和花叶组合，调整确定好位置后用白乳胶粘贴，完成郁金香花朵。

 《螃蟹》制作

▶▶▶ 制作步骤：

1 ●●●

准备 1 张边长为 10 cm 的正方形红色彩纸、2 张边长 5 cm 的正方形红色彩纸、1 张边长 5 cm 的正方形黄色彩纸、白乳胶、活动眼珠和剪刀。

2 ●●●

取边长 10 cm 的正方形红色彩纸沿对角线对边折，按照折痕把彩纸集中一角折。

3 ●●●

如图，将下角按折痕向上翻折。

4 ●●●

如图，再将绿色部分的上角按折痕向下翻折。

5 ●●●

如图，把左右两边上角按照折痕向内折。

6 ●●●

反转过来，螃蟹身体完成。

7 ● ● ●

取一张边长为 5 cm 的正方形彩纸沿对角线对折，再将两边底角对折。

8 ● ● ●

按照折痕集中一角往中线对折得到蟹钳，重复同样步骤制作 2 个蟹钳。

9 ● ● ●

取黄色彩纸用剪刀剪出嘴巴形状，取活动眼珠，对螃蟹造型进行装饰。

10 ● ● ●

用白乳胶将蟹钳粘贴在两边角处，在相应位置贴上眼珠。

③ 《太阳花》制作

▶▶▶ **制作步骤：**

1 ● ● ●

准备 1 张边长 15 cm 的绿色彩纸、8 张边长 7 cm 的黄色彩纸、1 张边长 7 cm 的淡黄色彩纸、1 张边长 7 cm 的浅绿色彩纸、剪刀、白乳胶。

2 ● ● ●

取 1 张边长 7 cm 的黄色彩纸沿对角线对折。

3

两边对折，得到一个花瓣。

4

重复步骤2、步骤3得到一模一样的8个花瓣。

5

用白乳胶把花瓣依次粘贴在边长为7 cm的浅绿色彩纸上。

6

用剪刀剪出淡黄色花蕊，用白乳胶粘贴在花蕊处。

7

取一张边长为15 cm的绿色彩纸卷成花秆。

8

把花秆粘贴在浅绿色彩纸背面。

9

用剪刀剪出花叶形状并用白乳胶粘贴在花秆上，作品完成。

（二）立体折纸

 《花球》制作

▶▶▶ **制作步骤：**

1 ○●●●

准备9种颜色边长15 cm的正方形彩纸各5张及双面胶。

2 ○●●●

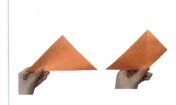

取一张边长15 cm的正方形彩纸沿对角线对折，再将两边底角向上集中一角折。

3 ○●●●

取一侧的角对齐边缘向下折，两边折叠如图，注意按压平整。

4 ○●●●

把折出的三角打开空心，向下压出三角状，再把两端展开，将多余三角部分向下折叠。

5 ○●●●

两边分别按照折痕对折，并取双面胶粘贴于一边边线。

6 ○●●●

将两侧边线向中间对折，双面胶粘在一起完成一个花瓣。

7 ●●●

按照步骤 1 至 6 的方法，制作 5 个同样的花瓣组成一朵花，分别用不同颜色彩纸做 9 朵花。

8 ●●●

用双面胶将制作好的 9 朵花中任一的花瓣，角对角粘贴固定，花球制作完成。

② 《荷花》制作

▶▶▶ 制作步骤：

1 ●●●

准备 4 张粉色、2 张红色、2 张绿色边长 15 cm 的正方形彩纸、QQ 线。

2 ●●●

取一张边长 15 cm 的正方形绿色彩纸，将彩纸对折得到一个长方形。

3 ●●●

对折后展开，四角向中线对折出三角形。

4 ●●●

两边按图片折痕往里折。

5 ○○○

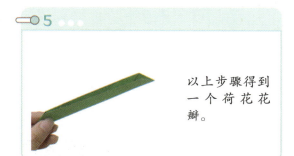

以上步骤得到一个荷花花瓣。

6 ○○○

分别做 4 个绿色、红色花瓣和 8 个粉色花瓣，按绿、红、粉的顺序叠好 4 组花瓣。

7 ○○○

4 组花瓣对齐叠好，中间用 QQ 线固定。

8 ○○○

如图，从粉色开始向上翻折。

9 ○○○

完成粉色部分再做红色部分，注意越往外翻折花瓣越短。

10 ○○○

绿色边缘翻折，荷花折纸完成。

五、折纸游戏

折纸是幼儿经常开展的一项游戏活动。幼儿在折纸的过程中，可以养成按步骤、有顺序认真做事的良好习惯。将一张形状简单的纸通过反复折叠获得自己喜欢的形状，可以使幼儿获得持久深刻的经验和丰富充实的知识，以提高幼儿的空间想象能力，促进幼儿学习、身心、生活等各方面能力的有机融合和渗透。下面介绍几种常见的折纸游戏制作案例。

① 《纸飞机》制作

▶▶▶ 制作步骤：

○ 1 ●●●	○ 2 ●●●
 取一张 A4 彩纸，对折折出痕迹。	 如图，把上面两角分别向中心折痕对折。
○ 3 ●●●	○ 4 ●●●
 同一个角再对折一次。	 翻过来，将顶角对折至底部。
○ 5 ●●●	○ 6 ●●●
 按照折痕线再对折，如图。	 翻过来，将飞机头部顶角折至前端。

7 ●●●

再按照折痕向中间对折。

8 ●●●

按照折痕，再往上翻折。

② 《青蛙》制作

▶▶▶ 制作步骤：

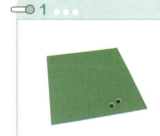

1 ●●●

准备一张边长15 cm的正方形绿色彩纸和一对活动眼睛。

2 ●●●

绿色彩纸对折成长方形，再对折成正方形，摊开纸张，左右两边折出对角线折痕。

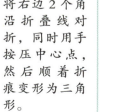

3 ●●●

将右边2个角沿折叠线对折，同时用手按压中心点，然后顺着折痕变形为三角形。

4 ●●●

另外一边同步骤3操作。

5

把上表层三角形左右两角向中线对折折出菱形，然后再向下翻折，得到青蛙的腿。

6

另外一部分同步骤5操作，折出青蛙4条腿。

7

然后翻转过来，把左右两个角沿中线折叠。

8

把下面的三角形向上翻折，同时把上两边角分别插入下面三角形的凹槽中。

9

翻转过来，前腿部分向上折叠，蛙脚制作完成，再沿青蛙腹部中线位置向上折叠。

10

向上折叠后，从青蛙后半部中线向下折叠。

11

再翻转过来，贴上活动眼睛，得到一只可以跳的小青蛙。

③ 《翻翻乐》制作

▶▶▶ **制作步骤：**

---

1 ●●●

准备 8 张不同颜色边长 15 cm 的正方形彩纸和双面胶。

---

2 ●●●

取一张边长 15 cm 的彩纸，横纵对折后左右角向中间对折，得到折痕。

---

3 ●●●

展开后，把 4 个角分别往中心点对折。

---

4 ●●●

4 个角再对折至小正方形的中点。

---

5 ●●●

4 个角再对折，得到如图效果。

---

6 ●●●

翻转过来后，4 个角同样往中心点折。

7 ○○○

再翻转过来，把 4 个角向下压。

8 ○○○

向下压后，把角捏起来，折成爱心的形状。

9 ○○○

根据上述步骤，再折 7 个爱心的形状，取一边贴上双面胶。

10 ○○○

将折好的爱心组合起来。撕开双面胶固定。

11 ○○○

一个好玩翻翻乐完成。

六、折纸作品欣赏

欧阳馨菲作品

曾淑桦作品

陈筱作品

李安晴作品

谢玉李作品

陈芮作品

黎宇琳作品

李安晴作品

黄希作品

拓展练习

1. 尝试折出自己喜欢的折纸动物、植物、生活用品。
2. 思考如何把折纸与幼儿游戏相联系，并尝试折出对应的玩教具。
3. 跟进幼儿园的实际教学情况，设计一份折纸教案。

任务二 剪纸

一、剪纸介绍

剪纸，又叫刻纸，是一种镂空艺术，也是中国最古老的民间艺术之一，其在视觉上给人以透空的感觉和艺术享受。剪纸的载体可以是纸张、金银箔、树皮、树叶、布、皮革等。这种民俗艺术的产生和流传与中国农村的节日风俗有着密切关系，通常象征喜庆、吉祥寓意。

剪纸作品

① 剪纸的特点

剪纸的主要特点表现在空间观念的二维性，蕴含刀味与纸感、线条与装饰、写意与寓意等许多方面。民间剪纸往往通过谐音、象征、寓意等手法提炼、概括自然形态，构成美丽图案。南北方剪纸各有不同的特点。北方剪纸粗狂朴拙、天真浑厚，南方剪纸精巧秀丽、玲珑剔透。

北方剪纸 葛庭友作品 《为亲负米》

（图片来源于中民非遗剪纸网）

南方剪纸 黄素作品 《老鼠娶亲》

（图片来源于网络）

② 剪纸发展

剪纸的制作材料是纸，所以真正意义上的剪纸应该是纸张出现才正式开始，汉代时期纸张的出现，促进了剪纸的出现、发展和普及。

唐代，剪纸已处于大发展时期，在敦煌莫高窟出土过唐代及五代的剪纸，如《双鹿塔》《群塔与鹿》《佛塔》等都属于"功德花纸"一类，主要是用来敬供佛像，装饰殿堂、道场，其画面构图复杂，有具体的内容，如《菩萨立像》水墨画镂空剪纸，是剪纸与绘画相结合的作品。

宋代，造纸业成熟，纸品名目繁多，这为剪纸的普及提供了条件，如：成为民间礼品的"礼花"，贴于窗上的"窗花"，或用于灯彩、茶盏的装饰等。宋代民间剪纸的运用范围逐渐扩大，江西吉州窑将剪纸作为陶瓷的花样，通过上釉、烧制使陶瓷更加精美。

明、清时期剪纸手工艺术走向成熟，并达到鼎盛。民间剪纸手工艺术的运用范围更为广泛，如：民间灯彩上的花饰、扇面上的纹饰，以及刺绣的花样等，无一不是利用剪纸作为装饰再加工的。中国民间常常将剪纸作为装饰家居的饰物，美化居家环境，如门栈、窗花、柜花、喜花、棚顶花等都是用剪纸来装饰的。

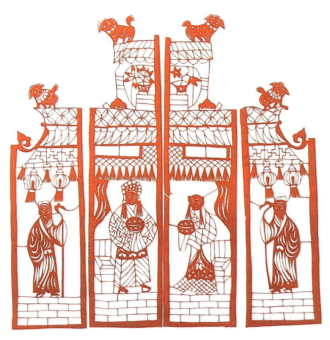

山东芝罘 《狸猫换太子》 晚清

（图片来源于网络中剪会）

新中国成立后，在"百花齐放，推陈出新"文艺方针的指导下，艺术家们创作了大量表现社会主义新人新事的新剪纸，开拓了剪纸创作的道路，也丰富了中国民间装饰美术的形式和内容。在新剪纸的创作中除了表现各行各业新气象的剪纸外，儿童、体育、杂技、歌舞等也成为剪纸最常见的题材。

库淑兰剪纸作品
《喂狗》 54 cm × 78 cm 1983 年

王闰昌 《看样板戏》单色对剪剪纸
19 cm × 30 cm 1975 年

二、材料与工具

剪纸所需的材料与工具有彩色蜡光纸（宣纸、毛边纸或其他薄型彩色纸）、剪刀、刻刀、订书机、垫板、铅笔、橡皮、白乳胶、双面胶等。

三、剪纸表现形式与常用纹样

① 剪纸的表现形式

剪纸可根据剪刻的技巧和方法来表现其形式。

（1）按剪刻的技巧分。

剪纸按剪刻的技巧分，可分为阳刻、阴刻、阴阳刻相结合及剪影等。

阳刻：画面以线为主，剪去图案线条以外的块面部分。

阴刻：画面以面为主，剪去形体造型的线条，保留造型的块面部分。

阴阳刻相结合：阴刻、阳刻两种刻法相结合使用，在传统剪纸纹样中较为常见。

剪影：是作品图案形体的整体刻画，只剪形体的外轮廓。

徐州邳州市 王桂英阴刻剪纸作品《摘辣椒》

高少萍阴阳刻相结合剪纸作品《飞夺泸定桥》

漳浦 黄素阳刻剪纸作品 《鸿雁戏水》

山东 梁颖阴阳刻相结合剪纸作品《福牛行风》

（2）按剪刻的方法分。

按剪刻的方法分，可分为单色剪纸、套色剪纸、染色剪纸等。

单色剪纸：指用某一种颜色的纸制作的剪纸作品，一般以红色最为常见，主要用于窗花装饰和刺绣的底样。

套色剪纸：以阳刻为主，在需要套色的图案背面贴上各种彩色色纸，是多种色纸的套叠组合作品。

染色剪纸：需要用多张宣纸叠在一起剪刻，再用染料点染的剪纸作品，点染后的作品整体色彩鲜艳夺目，层次丰富。

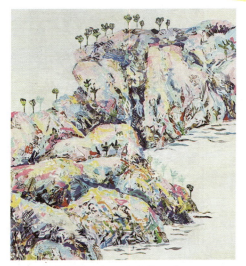

陈斯嘉染色、套色剪纸作品

卢淑蓉套色剪纸作品

赵莲芝套色剪纸作品《十二生肖系列》

周冬梅单色剪纸作品

（图片来源于网络《福建日报》）

染色剪纸作品《双鱼图》

（图片来源于网络喀什文化）

剪纸的常用纹样

常用剪纸的纹样有锯齿纹、月牙纹、旋涡纹等几种。

（1）锯齿纹。

锯齿纹是指两条直线相交形成锯齿状纹样，有长短、粗细、疏密、曲直、刚柔之分，用坚硬长短的锯齿纹表现树叶的边角和茎的针刺；用柔和的锯齿纹表现水灵灵的花与果；用刚健的锯齿纹表现动物的鬃毛；用圆实半弧形粗细的锯齿纹表现禽、鸟、鱼、虫的羽毛和鳞甲；用灵活疏密的锯齿纹表现人物的眉毛、胡须、飘洒的头发和服饰上的皱褶；等等。

锯齿纹

锯齿纹动物剪纸

（2）月牙纹。

月牙纹是一种弯曲的"宽窄、刚柔、长短不一的"呈现月牙形的纹样。一般都是阴剪，短而灵便的线条用来表现整个事物的形象。如衣纹和运动感等，或用几条交列的月牙纹，就显得很有装饰性，在剪制时要有意识地强调它来增强作品艺术性，月牙纹还可以变化成云纹、水纹、鱼鳞纹等。

月牙纹

云纹、水纹

（3）旋涡纹。

旋涡纹是将锯齿纹和月牙纹以旋转的构成方式布置在剪纸形象中，起到美化形象的作用，通常用来表现动物皮毛上的旋涡，具有一定的装饰性。

旋涡纹

旋涡纹动物剪纸

四、剪纸的基本折法

 二角、四角折剪法

1	
	准备一张边长 15 cm 的正方形彩纸。

2	
	如图，对折成大三角形（二角折剪完成）。

3	
	如图，按折痕向上翻折。

4	
	四角折剪完成。

② 六角折剪法

1

准备一张边长15 cm 的正方形彩纸。

2

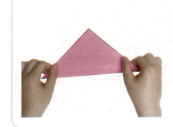

对角线对折成三角形。

3

两边对折，找出底边中点。

4

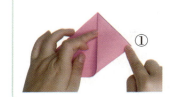

右边对折找出边线中点①。

5

再次折出边线中点①和顶点之间的中点②。

6

如步骤5的图，把中点①和中点②的两条折痕再对折折出中线。

7

将左边底角，从底边中点出发按照中线折痕点③对折，边线对齐点③。

8

如图，六角折剪法完成。

③ 八角折剪法

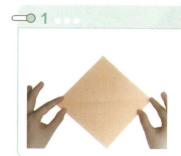

1

准备一张边长 15 cm 的彩纸。

2

如图，对折成大三角形。

3

如图按折痕向右翻折。

4

如图再向右翻折，中心点不变。

5

八角折剪法完成。

④ 十角折剪法

1

准备一张边长 15 cm 的正方形彩纸。

2

按对角线对折成三角形。

3 ●●●

两边对折，找出底边中点。

4 ●●●

顶点向下对折，然后打开，留下折痕。

5 ●●●

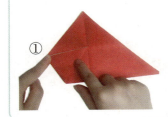

把左边角向中线交叉点折叠，然后打开，留下折痕点①。

6 ●●●

右边角边线向折痕点①处折叠，然后再向右边翻折，如图所示。

7 ●●●

翻转过来，右边线对齐左边线对折，然后再向右折叠，使边线全部对齐。

8 ●●●

如图，十角折剪法完成。

五、对称剪纸制作

 《丑牛》制作

 **制作步骤:**

1

准备一张边长15 cm的正方形红色彩纸、剪刀、铅笔、橡皮擦。

2

按对折线对折。

3

用铅笔画出丑牛纹样。

4

用剪刀剪掉多余部分。

5

展开,得到丑牛图案。

 《三星堆面具圆顶人头》制作

▶▶▶ 制作步骤：

1 ○●●●

准备一张边长15 cm的蓝色正方形彩纸、橡皮擦、铅笔和剪刀。

2 ○●●●

如图，沿中线对边对折。

3 ○●●●

用铅笔画出三星堆面具图案和月牙纹、水滴纹等装饰纹样。

4 ○●●●

用剪刀剪掉多余部分。

5 ○●●●

展开得到三星堆面具圆顶人头图案。

六、团花剪纸制作

 《窗花》制作

▶▶▶ **制作步骤：**

1 ○○○

准备一张边长 15 cm 的正方形蓝色彩纸、橡皮擦、铅笔和剪刀。

2 ○○○

用四角折剪法折出四角折形状。

3 ○○○

沿中点用铅笔画出窗花图案和锯齿纹装饰纹样。

4 ○○○

用剪刀剪掉多余部分。

5 ○○○

展开，得到窗花图案。

② **《年年有余》制作**

 制作步骤：

1 ●●●

准备一张边长15 cm的正方形彩纸、橡皮擦、铅笔和剪刀。

2 ●●●

用十角折剪法折出十角折形状。

3 ●●●

用铅笔画出年年有余图案和月牙纹、水滴纹纹样。

4 ●●●

用剪刀剪掉多余部分。

5 ●●●

展开，得到年年有余图案。

③ 《红星闪闪》制作

制作步骤：

1 ● ● ●

准备一张边长15 cm 的正方形彩纸、橡皮擦、铅笔和剪刀。

2 ● ● ●

用十角折剪法折出十角折形状。

3 ● ● ●

用铅笔画出红星闪闪图案和锯齿纹样。

4 ● ● ●

用剪刀剪掉多余部分。

5 ● ● ●

展开，得到红星闪闪图案。

七、花边剪纸制作

《云纹花边》制作

▶▶▶ 制作步骤：

准备一张 30 cm×5 cm 的红色彩纸、橡皮擦、铅笔和剪刀。

将彩纸沿短边对折 3 次。

用铅笔画出云纹花边纹样。

用剪刀剪掉多余部分，展开后云纹花边完成。

八、单独纹样剪纸制作

 《蝴蝶》制作

▶▶▶ **制作步骤：**

○━ **1** ●●●

准备一张边长 25 cm 的正方形红色彩纸、剪刀、铅笔、刮板等。

○━ **2** ●●●

对折后沿中线画出蝴蝶图案，装饰月牙纹、锯齿纹、水滴纹等纹样。

○━ **3** ●●●

用剪刀从内到外依次剪出多余部分。

○━ **4** ●●●

轻轻展开，作品完成。

② **《民族风情》制作**

▶▶▶ **制作步骤：**

○━ **1** ●●●

准备民族风情剪纸作品图纸、剪刀、刻刀、订书机、红色彩纸等所需的材料与工具。

○━ **2** ●●●

图案在上，红色彩纸在下，用订书机固定四周。

3 用刻刀从内到外依次刻出画面内容细节的白色多余部分。

4 用剪刀剪出作品外轮廓。

5 处理与调整细节，完成作品。

③ 《忙趁东风放纸鸢》制作

▶▶▶ 制作步骤：

1 准备剪纸作品的图纸、剪刀、刻刀、多色彩纸、订书机等所需的材料与工具。

2 图案在上，红色彩纸在下，用订书机固定四周。

3 ● ● ●

用刻刀从内到外依次刻出画面内容细节的白色多余部分。

4 ● ● ●

用刻刀结合剪刀剪出作品外轮廓。

5 ● ● ●

单色剪纸部分完成。

6 ● ● ●

设计剪纸套色部分的颜色搭配及背景。

7 ● ● ●

对选定颜色的彩纸进行裁剪，剪裁合适的大小粘贴于图案背面。

8 ● ● ●

根据图案造型装饰背景，完成作品。

九、剪纸作品欣赏

魏霞真作品

刘惠娟作品

陈少华作品

刘惠娟作品

黄雅桐作品

陈官书琴作品

邓淑琼作品

黎宇琳作品

林茜茜作品

 拓展练习

1. 尝试运用对称剪纸的方法剪一组十二生肖的动物剪纸，要求有完整构图，造型优美，可适当添加装饰纹样。

2. 请剪一组多角窗花图案用于装饰宿舍，要求画面呈现阴阳刻结合，具有装饰美感。

3. 尝试用套色剪纸的方法完成一幅剪贴画作品，结合传统剪纸知识和技法，具有形式美。

4. 请选择自己喜欢的幼儿故事，用剪纸的方法给故事做配图设计。

任务三　纸形态造型

一、纸艺花造型

纸艺花是一种利用纸张制作的艺术花朵，通常由纸张剪裁、折叠、卷曲等手工技艺制成。这种艺术形式可以呈现出栩栩如生的花朵形态，具有逼真的外表和独特的美感。纸艺花可以用于装饰、礼品、节日庆祝等多种场合，也可以作为手工艺品展示和收藏。根据纸花制作材料的不同，常见的纸艺花造型有皱纹纸花、衍纸纸花、海绵纸花等。

纸艺花作品

制作纸艺花通常需要一定的手工技巧和耐心，创作者可以根据自己的想象和创意设计各种花朵的形状、颜色和风格。纸艺花的手工制作不仅可以欣赏纸张所展现出的多样性和美感，体验动手参与的乐趣，还能激发人们对艺术和创造力的热爱，感受创作的成就感。

（一）皱纹纸花艺

皱纹纸是指一种具有独特质感和纹理的艺术纸，其颜色丰富、纹理近似自然花卉植物的纹路，在纸艺作品的展现方面有着得天独厚的优势，特别是在纸艺花卉造型的制作效果中更是独树一帜，多用来做仿真花朵，有着以假乱真的效果，是幼儿园手工制作和环境创设中常用的材料。

1. 常用工具材料

制作皱纹纸花艺常用的工具材料有彩色皱纹纸、剪刀、圆嘴钳、双面胶、白乳胶、花艺胶带、2 号花秆、18 号花秆、26 号花秆等。

2.皱纹纸花制作

 《风铃花》制作

▶▶▶ 制作步骤:

1 ○ ●●●

准备杏色和淡黄色皱纹纸、2号花秆、18号花秆、剪刀、圆嘴钳、白乳胶、花艺胶带。

2 ○ ●●●

把淡黄色皱纹纸对折三次,用剪刀均匀地剪出细长絮状做花蕊。

3 ○ ●●●

在花蕊底部涂上白乳胶,用18号花秆进行粘贴卷成花蕊。

4 ○ ●●●

取杏色皱纹纸对折三次,用剪刀剪出风铃花花瓣的形状。

5 ○ ●●●

将花瓣状皱纹纸左右两边涂上白乳胶,然后进行粘贴。

6 ○ ●●●

把花蕊和花瓣用白乳胶固定粘贴,用手指将花瓣底部收拢。

取浅绿色花艺胶带缠绕在 18 号花秆上。

调整花瓣造型，可以借用小锥子或细棍卷出花瓣的弧度。

相同步骤，做 6 朵风铃花。

用花艺胶带交错组装风铃花花枝在 2 号花秆上，圆嘴钳把 2 号花秆顶端扭出 U 形。

调整花形及方向，一枝风玲花完成。

（二）纸藤纸艺花

纸藤纸艺花是一种利用纸藤制作的艺术花朵。通过将纸张剪裁、卷曲、折叠等各种手法，创作者可以创作出栩栩如生的花朵作品。这种艺术形式综合了手工和艺术创作，展现了纸张的多样性和可塑性。纸藤纸艺花可以用于装饰、礼品、节日庆祝等多种场合，是一种独特而具有艺术价值的手工艺品。

1. 常用工具材料

制作纸藤纸艺花的常用工具材料有彩色纸藤、剪刀、圆嘴钳、锥子、铅笔、双面胶、白乳胶、2 号花秆、26 号细铁丝（叶片）、18 号细花秆（枝干）、绿色花艺胶带等。

2. 纸藤花制作

 《风信子》制作

▶▶▶ **制作步骤：**

1

准备紫色和绿色的纸藤、白乳胶、2号花秆、18号细花秆（枝干）、26号细铁丝、剪刀、圆嘴钳、花艺绿胶带和小号锥子。

2

用剪刀剪出7 cm长的紫色纸藤，展开后对折三次。用剪刀剪出花瓣的形状。

3

如图，用剪刀剪出花瓣的形状。

4

将花瓣展开，底部涂上白乳胶，用圆嘴钳剪下10 cm长的18号花秆，将花瓣集中在一起。

5

用花艺绿胶带把18号花秆和花瓣进行组合缠绕。

6

展开花瓣用锥子卷出花瓣的弧度。

7

重复步骤 2 至步骤 6，一共做 18 个花瓣。

8

用圆嘴钳把 2 号花秆扭出一个 U 形。

9

用花艺绿胶带将花秆和花瓣交错组合。

10

调整花瓣的朝向和弧度。

11

用绿色纸藤做风信子的花叶。剪刀剪出 10 cm 长的绿色纸藤。

12

展开后涂上白乳胶，用 26 号细铁丝放在绿色纸藤对折后的中间位置做花叶的支撑。

13

再次对折用剪刀剪出花叶的形状，重复骤步 11 至骤步 13，2 个花叶。

14

用花艺绿胶带把花叶和花秆进行交错组合，调整细节，风信子纸藤花完成。

② 《向日葵》制作

▶▶▶ **制作步骤:**

1

准备黄色和绿色的纸藤、褐色皱纹纸、白乳胶、双面胶、2号花秆、18号花秆（叶片）、剪刀、圆嘴钳、花艺绿胶带、纸巾。

2

花盘制作：将褐色皱纹纸剪成宽度3 cm的长条状，反复对折。

3

用剪刀剪至三分之二处剪出絮状花蕊。

4

用双面胶粘在底部，重复步骤2至步骤3做多个花蕊，底边贴上双面胶围绕。

5

如图，用双面胶固定围绕盘成合适大小，完成花蕊部分。

6

花瓣制作：用剪刀剪出长度分别为5 cm、8 cm、10 cm的黄色纸藤。

7

展开长度为5 cm的黄色纸藤，将其对折四次。

8

用剪刀剪出花瓣弧度，底部粘连不剪断。

9

花瓣成品如图，旋转花瓣塑造花瓣形态。

10

重复步骤6至步骤8，完成不同长度花瓣5 cm的12个、8 cm的8个、10 cm的6个。

11

把花瓣底部如图贴上双面胶。

12

如图，撕开双面胶贴在花蕊的边上，先粘贴5 cm花瓣，注意边粘贴边调整造型。

13

继续粘贴8 cm、10 cm的花瓣，调整细节及花瓣形态。

14

花萼制作：用双面胶围绕花朵一圈，用四片绿色纸藤做花萼，用剪刀剪出锯齿状。

15 ●●●

用圆嘴钳将2号花秆扭出一个O型并垂直于花秆。

16 ●●●

纸巾对折成长条形，用白乳胶围绕2号花秆做花托。

17 ●●●

剪8 cm绿色纸藤展开对折成宽度1 cm左右，顶部剪出锯齿状。

18 ●●●

展开后在萼片锯齿状下方均匀涂上白乳胶，粘贴在花托部分制作花萼。

19 ●●●

收拢花萼底部在2号花秆上，用花艺绿胶带缠绕花萼至花秆上。

20 ●●●

剪18 cm左右的绿色纸藤展开，下半部分涂上白乳胶，在中心位置放上18号花秆后上下对折。

21 ●●●

沿花秆对折后剪出叶片形状。重复步骤19至步骤21，再做一片。

22 ●●●

用花艺胶带交错固定叶片后调整花朵形状，作品完成。

（三）海绵纸（软泡沫纸）纸艺花

海绵纸纸艺花是一种利用海绵纸（也称为软泡沫纸）制作的艺术花朵。海绵纸是一种柔软、易于切割和塑形的材料，常常用于手工艺制作和艺术创作。制作海绵纸纸艺花通常需要将海绵纸剪裁、卷曲、折叠等，通过不同的手法和技巧来塑造出各种形态的花朵。

1. 常用工具材料

制作海绵纸纸艺花常用到的工具材料有海绵纸、剪刀、圆嘴钳、双面胶、2 号花秆、26 号细铁丝（叶片）、18 号细花秆（枝干）、绿色花艺胶带等。

2. 海绵纸制作

 《菊花》制作

▶▶▶ 制作步骤：

准备淡紫色、深紫色和绿色海绵纸，剪刀和双面胶。

用约 6 cm × 20 cm 的深紫色海绵纸做花蕊，在深紫色海绵纸底边贴上双面胶。

对折后用双面胶粘贴，然后用剪刀剪到剩四分之一处不剪断。

用双面胶贴在底部，撕开双面胶后卷折。

5 ● ● ●

重复以上步骤，用淡紫色做花瓣。

6 ● ● ●

花朵部分完成。

7 ● ● ●

用绿色海绵纸剪出花叶形状，确定花叶位置后用双面胶进行粘贴，菊花完成。

② 《玫瑰》制作

▶▶▶ **制作步骤：**

1 ● ● ●

准备 40 cm×5 cm 的深蓝色海绵纸和剪刀、双面胶。

2 ● ● ●

在海绵纸条的 3 cm 处往下折，如图。

3 ●●●

用右手拇指和食指将上端的角往下折，如图。

4 ●●●

同时左手将下端的另一部分往后折。

5 ●●●

右手拇指和食指配合将海绵纸向后翻折。

6 ●●●

重复步骤5一直向后翻折，海绵纸末端用双面胶粘贴。

7 ●●●

用剪刀在绿色海绵纸上剪出花叶。

8 ●●●

用双面胶进行粘贴，作品完成。

（四）纸艺花卉作品欣赏

学生小组作品

学生小组作品

学生小组作品

梁淑怡作品

江欣瞳作品

吴玥蓉作品

二、瓦楞纸造型

瓦楞纸是生活中常见的材料，由面纸、呈波浪线的芯纸、底纸组成，它除了用在物品包装盒上，也是幼儿园教师进行环境创设和玩教具制作时常用的手工材料，特有的波浪形材质，更适合蜷曲造型制作，其独特属性使其成为手工制作中的上等纸艺材料。学会并且掌握瓦楞纸基本的使用方法可制作出充满趣味感的纸艺作品的基础，不少经典的手工纸艺作品都是使用瓦楞纸制作出来的，幼儿园使用瓦楞纸也能补充幼儿园手工材料的延展性和新材料的融合性，给幼儿手工制作带来更多的表现空间。

瓦楞纸作品

（一）常用工具材料

瓦楞纸造型常用到的工具材料有彩色瓦楞纸、尺子、热熔胶枪、剪刀、白乳胶、双面胶、装饰零件等。

（二）瓦楞纸制作

 《苹果》制作

▶▶▶ 制作步骤：

1 	准备 50 cm×1 cm 的红色瓦楞纸共 7 条，5 cm×5 cm 绿色瓦楞纸及剪刀、双面胶、热熔胶枪。

2 	取 3 条红色瓦楞纸卷成 1 个圆饼，共制作 2 个。

3  将两个圆饼分别推出，制作苹果的上下两部分。	**4**  用热熔胶枪固定塑形。

5  将上下两部分对接并取红色瓦楞纸围绕一圈，用热熔胶枪固定，苹果塑形完成。	**6**  用绿色瓦楞纸制作叶子和果柄，苹果完成。

 ② 《坦克》制作

▶▶▶ 制作步骤：

1

准备 4 条 12 cm×25 cm 蓝色瓦楞纸、2 条 2.5 cm×25 cm 深灰色瓦楞纸、2 条 2 cm×50 cm 红色瓦楞纸、2 条 2 cm×50 cm 紫色瓦楞纸、2 条 0.5 cm×50 cm 红色瓦楞纸、1 条 3cm×10cm 黄色瓦楞纸、吸管一根、双面胶、剪刀、热熔胶枪。

2

取蓝色瓦楞纸，反面贴双面胶后卷成圆柱形，制作 4 个。

3

将蓝色圆柱并排列齐并用热熔胶枪固定衔接处，取灰色瓦楞纸围在圆柱两端并固定。

4

取 0.5 cm 宽的红色瓦楞纸装饰在灰色瓦楞纸上。

5

取 2 cm 宽的红色瓦楞纸卷成圆饼并贴于蓝色部分中间位置。

6

取 2 cm 宽的紫色瓦楞纸卷成圆饼并推出圆锥形，用热熔胶枪固定并贴于红色上面。

7

用黄色瓦楞纸围绕吸管并用双面胶固定，剪掉多余部分后用热熔胶枪固定在图片位置。

8

调整，增加红色瓦楞纸装饰，坦克完成。

③ 《小鸡》制作

▶▶▶ 制作步骤：

1

准备 12 条 1 cm×50 cm 的肉色瓦楞纸、1 条 0.5 cm×50 cm 的肉色瓦楞纸、8 条 1 cm×50 cm 的红色瓦楞纸、1 条 0.5 cm×50 cm 的红色瓦楞纸、1 条 2 cm×20 cm 的黄色楞纸、双面胶、剪刀、活动眼睛、热熔胶枪。

2 • • •

取宽 1 cm 的肉色和红色瓦楞纸叠放一起，并卷成圆饼状，共制作 2 个。

3 • • •

再取宽 1 cm 的肉色和红色瓦楞纸各 1 条叠放并卷成圆饼状，捏成水滴形，制作 2 个。

4 • • •

取宽 1 cm 的肉色瓦楞纸 3 条拼接一起，并卷成圆饼状，制作 1 个。

5 • • •

取宽 0.5 cm 红色瓦楞纸卷成大中小水滴形 4 个，制作鸡冠。

6 • • •

取 0.5 cm 宽肉色瓦楞纸，制作脚掌 2 个，如图所示。

7 • • •

取 1 cm 宽肉色、红色瓦楞纸剪成 20 cm 长各 5 条，正反面组合粘贴在一起，制作尾部，如图所示。

8 • • •

开始组合，取最大的两个套色圆饼推出成半球形，底部用热熔胶枪固定，制作小鸡身体。

9 • • •

取两个套色的水滴形推出顶部，底部用热熔胶枪固定，制作小鸡翅膀。

10 取肉色圆饼推出顶部使其呈圆锥形，并用热熔胶枪固定，制作小鸡头颈部。

11 取肉色2个小圆饼推出顶部使其呈锥形，并用热熔胶枪固定，制作小鸡腿部。

12 黏合2个大的套色半球形并用红色瓦楞纸黏合中间位置，完成小鸡身体部分。

13 将翅膀黏合在身体两侧，将头颈部黏合在身体上侧。

14 将鸡冠黏合在头颈部顶部及侧面，将腿黏合在身体底部。

15 将眼睛、嘴黏合在适当位置，将尾部黏合在身体的后侧面，并调整形状。

16 将脚掌黏合在腿上的适当位置，作品完成。

（三）瓦楞纸作品欣赏

刘银叶作品

李安晴作品

许明蔚作品

梁冰茵、陈欣如作品

罗健欣作品

王愉淇作品

卓愉羚作品

刘晓莹作品

黄宝谊作品

林锦欣、陈欣如、王慧烨作品

陈宇楠作品

邓湘雨作品

三、纸编造型

我国传统编织工艺以线绳、麦草、藤条等作为材料，是一项集编织、绘画于一体的独特艺术形式。编织发展到今天已有中国结、草编、藤编、绳编等编织艺术，如今人们把这项技艺与现代工艺结合起来进行纸编玩教具的制作是符合时代要求的，因为纸编玩教具的基本材料（色纸、皱纹纸、卡纸等纸张）柔软，制作起来比较安全，对于学前儿童来说比较容易掌握。在幼儿园里，纸编不仅是一种手工活动，也是一种游戏，可以培养学前儿童的动手动脑能力和审美的能力。

幼儿编织活动

（图片来源于番禺区小谷围街大学城朝阳幼儿园）

（一）编织手工的分类

编织活动既是一种游戏，又是一门综合艺术，既有美工的内容，有形象思维的训练，又有抽象思维的培养。它把教育与游戏结合起来，寓教于乐，在幼儿园中应用广泛。编织根据不同的制作方式可分为以下类别。

（1）按技法分为穿插编、立体编、辫子编和纸盘条编等。

（2）按表现形式分为平面纸编、立体纸编、平面立体相结合编三种类型。

（3）按创作内容可分为动物、人物、图案、花篮、花瓶等。

（二）常用工具材料和编织技法

编织的工具材料有很多种，如纸张、毛线、无纺布、藤条、茅草、蓑衣丝、桔梗、尼龙绳、竹篾等。编织方法如编辫、平纹编织、花纹编织、绞编、勒编、缠扣、包缠、棒槌扣等，教师可根据幼儿的能力选择合适的编织技法。

（三）编织制作

 《五彩地垫》制作

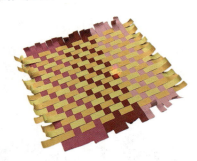

▶▶▶ 制作步骤：

1 ●●●

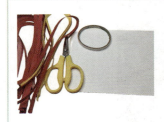

准备 5 种颜色的 1 cm 宽的纸条若干、1 张 25 cm×25 cm 白色卡纸、剪刀、双面胶。

2 ●●●

将准备好的纸条剪成 25 cm 左右的长度。

3 ●●●

在白纸的边缘贴上双面胶。

4 ●●●

撕开一边双面胶，选同色系红色的纸条，依次平行贴在双面胶上固定，如图所示，同色系的红色贴完。

5 ●●●

取一条黄色纸条以挑一压二的方式，垂直方向插在红色系纸条中。

6 ●●●

使两种颜色的纸条如图交错穿插。

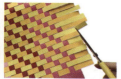

7 ○●●●	8 ○●●●

撕开其他三边的双面胶固定地垫，并修剪地垫的边缘。

用铅笔将边缘卷起做地垫造型，调整边缘效果，完成制作。

 《小鱼》制作

▶▶▶ **制作步骤：**

1 ○●●●

准备 1 cm × 12 cm 的粉色和蓝色纸条各 3 条、剪刀、活动眼睛。

2 ○●●●

取 6 条纸条分别对折。

3 ○●●●

将蓝色纸条插入粉色纸条的一侧，如图。

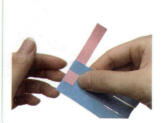

4 ○●●●

将第二、三条蓝色纸条前后交叉插入粉色纸条。

5 ●●●

将第二条粉色纸条前后交叉插入蓝色纸条。

6 ●●●

将第三条粉色纸条前后交叉插入蓝色纸条并调整。

7 ●●●

如图，将中间的蓝色和粉色向上翻折，剪去多余部分，插入中间位置。

8 ●●●

根据鱼的造型剪出鱼鳍和鱼尾。

9 ●●●

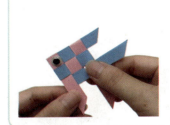

贴上活动眼睛，小鱼完成。

③ 《龙舟船》制作

制作步骤：

1

准备 1 cm × 25 cm 的绿色和黄色纸条各 6 条、订书机、黄色毛球。

2

把绿色纸条平行排列，用订书机压住一端。

3

黄色纸条在绿色纸条中间部分，如图所示，穿插排入。

4

将绿色的一端上下叠在一起并用订书机固定。

5

其他 3 个角位置，同步骤 4 的方式固定。

6

将黄色的两端用订书机订在一起做船篷。

7

在船篷顶端装饰黄色毛球。

8

龙舟船完成。

（四）编织作品欣赏

学生作品

四、衍纸造型

衍纸，又称卷纸，是纸艺的一种古老制作形式。它以彩色的长纸条作为基础材料，运用卷、捏、粘等手法，将纸条一圈圈卷起来，制作成一个个形式多样的小元素，再将形状各不相同的小元素组合起来，形成不同画面的艺术创作形式。衍纸工艺简单、形式美观、表现力丰富，具有很强的装饰性，深受人们的喜爱。

衍纸作品

（一）常用工具材料

衍纸制作工具分必备工具和辅助工具两种，必备工具一般有衍纸条（通常重 120 g，宽度为 1 cm / 0.5 cm / 0.3 cm 规格）、卷纸器（卷帙笔 / 衍纸笔）、弯嘴镊子、手工胶水（速干胶 / 白胶）、剪刀、衍纸尺等，辅助工具有衍纸定型两用板、直尺、尖嘴胶瓶、珠针、曲规器、衍纸梳理器、皱褶造型器等。

（二）衍纸基础造型

紧卷

将衍纸条一端放入衍纸笔中，一手转动衍纸笔，一手轻拉纸条做实心紧卷。

松卷

将衍纸条一端放入衍纸笔中，一手转动衍纸笔，一手轻拉纸条。同时再将松卷放入衍纸尺中放松调整形状。

水滴卷

起始于松卷，然后再用拇指和食指捏住松卷中心部分向上推，做水滴状。

心形卷

截取一小段对折的衍纸条，然后用衍纸笔将两侧纸条分别向里卷。

V 形卷

截取一小段对折的衍纸条，然后用衍纸笔将两侧纸条分别向外卷。

S 形卷

截取一小段对折的衍纸条，然后用衍纸笔将两侧纸条分别向相反方向卷。

不规则 S 形卷

截取一小段对折的衍纸条，然后用衍纸笔将两侧纸条分别向相反方向卷成 S 形的大小卷。注意两边的大小不一样。

火焰卷

起始于水滴卷，用手指捏出如图弧度。

箭头卷

起始于水滴卷，再用双手拇指和食指同时各捏出两个小角成箭头形。

心形卷

起始于水滴卷，双手拇指和食指同时轻捏两边往里按成心形。

鸭掌卷

起始于水滴卷，双手拇指和食指轻捏两角往下压，使其中间形成一个小角，形成三角形。

月牙卷

起始于松卷，用手指掐住两端向下弯曲成月牙形。

猫脸卷

起始于松卷，用两手捏住圆形两边，使两角变尖后向内压出弧度。

半圆卷

起始于松卷，然后用两手捏住圆形两边，使两角变尖成半圆形。

眼睛卷

起始于松卷，然后用双手拇指和食指均匀地在两端末尾处收紧压缩。

柳叶卷

起始于松卷，然后用双手拇指和食指均匀地在两端捏出两个角，同时进行扭曲以获得微微旋转状。

方形卷

起始于眼睛卷，双手拇指和食指向四个方向轻按，使其成为方形。

星形卷

起始于水滴卷，用手指将四个角均匀地往中间按压使其成星形。

五角星卷

起始于水滴卷，用手指捏出鸭掌卷后继续用手指捏出剩下两个角使其成五角星形。

眼睛空心卷

用衍纸笔卷出一个紧卷，再把中间推空心。

水滴空心卷

用衍纸笔卷出一个紧卷，再用手指按压出眼睛的形状。

连卷

用衍纸笔在距离纸头 2 cm 处向上卷，不断重复即可。

波浪卷

首先用胶水将不同长度的衍纸条粘在一起，再用衍纸笔卷一个松卷，散开后调节层次。

（三）衍纸造型制作

① 《花束组合》制作

 制作步骤：

柳叶卷

水滴卷

波浪形衍纸条

（1）准备衍纸条、衍纸笔、衍纸器、波浪造型器、剪刀和白乳胶等材料。

（2）取衍纸条根据花朵颜色卷出松卷，制作捏成水滴卷（19个）、柳叶卷（5个），注意根据深浅变化搭配花朵和花叶颜色。

（3）用波浪造型器使衍纸条变成波浪形，用剪刀修剪出合适长度做花梗，可在画纸上比对大小，根据花束大小适当修剪长度。

（4）根据设计花束造型将制作好的水滴卷、柳叶卷和波浪形衍纸条用白乳胶组合在一起，完成花束制作。

② 《动物造型》制作

水滴卷 →

半圆卷

混色紧卷

单色紧卷

（1）准备衍纸条、衍纸笔、衍纸器、波浪造型器、剪刀和白乳胶等材料。
（2）取衍纸条根据蜻蜓造型特点分别制作出蓝色松卷（5个）、蓝色紧卷（1个）、混色紧卷（2个），分别用作蜻蜓的翅膀、身体与眼睛。
（3）用手指将蓝色松卷分别捏成水滴卷，作为蜻蜓的翅膀和身体。
（4）根据蜻蜓各部分造型特征，用白乳胶将各种衍纸卷组合在一起，完成蜻蜓制作。
（5）同样的方法分解螃蟹造型，分别制作出紧卷、松卷和混色紧卷。
（6）根据螃蟹造型特征的分解，制作出红色半圆卷（8个）、红色小紧卷（2个）、彩色大紧卷（1个）、黑白色紧卷（2个）、红色水滴卷（4个），注意螃蟹脚的半圆卷制作时，后一个半圆卷要比前一个大，以此类推制作8个半圆卷。
（7）根据螃蟹造型将制作好的半圆卷、单色紧卷、水滴卷和彩色紧卷用白乳胶组合在一起，完成动物组合制作。

③ 《柿柿如意》制作

制作步骤：

深绿色柳叶卷
浅绿色眼睛卷
棕色波浪形衍纸条
松卷

（1）准备衍纸条、衍纸笔、波浪造型器和白乳胶等材料。
（2）根据图案造型特点用衍纸条做大圆形紧卷（2个），做松卷后捏成柳叶卷（4个）、眼睛卷（6个），注意根据柿子图案色彩特征搭配颜色。
（3）用波浪造型器使衍纸条变波浪形，取合适长度的波浪形衍纸条多次对折，用剪刀修剪做柿杆。
（4）根据造型将制作好的橙色大圆形紧卷、深绿色柳叶卷、浅绿色眼睛卷和棕色波浪形衍纸条用白乳胶组合在一起，并用手调整做微凸形状，完成制作。

（四）衍纸作品欣赏

刘婧悦作品

郑雨淳作品

黎宇琳作品

吴洛媛作品

黄希作品

李安晴作品

罗健欣作品

罗燕作品

邓佳文作品

拓展练习

1. 尝试用纸艺花卉制作技法设计一组母亲节花束，要求色彩搭配合理，有4~6种花卉造型，具有装饰美感。

2. 尝试利用瓦楞纸材料制作3~6个卡通形象，要求造型特点突出，色彩美观。

3. 尝试用衍纸造型方法在不同的物体（如纸盘、玻璃瓶、纸盒、水杯等）上进行美化装饰。

4. 请综合利用所学纸形态造型，结合幼儿园成语故事设计成语小剧场，尝试进行故事表演。

探寻传统

潮 汕 剪 纸

剪纸作为潮汕地区古老的艺术文化之一，具有纤巧见长、精巧修剪、造型优美的特点，是粤东地区传统民间艺术的优秀代表，其独特的表现形式和艺术特色在全国均独树一帜，具有鲜明的地域特色，是岭南文化的重要组成部分。2006年，剪纸作为省级非物质文化的代表被收录在第一批国家级非物质文化遗产名录中。潮汕剪纸作为宝贵的非物质文化遗产作品，承载了悠久的文明历史和精深的潮汕文化，展现了当地人民的才情智慧和审美创造力。

潮汕剪纸是潮汕民间最普遍的艺术活动，和潮汕人民的生活密不可分。潮汕剪纸多以吉祥喜庆、五谷丰登等祥瑞题材为主，内容多为群众喜闻乐见的潮剧戏曲故事和花鸟虫鱼。欣赏品多以人物为主；礼品、祭品则根据实际情况剪出各种各样的花纹图案，如在猪头上张贴猪头花，在龙虾上张贴虾花；日常装饰品则张贴扇袋花、烟袋花、倍插花、烛台花等。这些作品体现了潮汕人民采用托物寄情或赋予吉语的手法，用自然事物中那些能唤起人们感情上的共鸣和美好的形象，从而诱发人们对美好的憧憬。

近几十年来，潮汕地区的剪纸受现当代文化艺术的影响，剪纸呈多样化，且推陈出新，既有传统特色，也有新时代的艺术特点，而且逐步成为独立存在的艺术欣赏品。潮汕剪纸在继承传统的同时，题材上不拘泥于原生态的传统纹样，多以表现民间生活、文化、地方风光，新生活和新风尚的题材为主；技法上剪刻结合，阴阳剪刻并用；同时汲取西方绘画理论技法，在构图上注重疏密和点线面结合，在二维的平面表现出三维的效果。功能已趋向多元化，实现了与生活、与时代、与当代艺术的完美结合。1997年，汕头潮阳区被广东省政府命名为"广东省民族民间艺术（剪纸艺术）之乡"。

潮汕剪纸以潮州、潮阳、汕头剪纸为代表，汕头剪纸的传承人是陈传生，他是剪纸艺术家，也是非遗文化传承人之一，多年来孜孜不倦传授技艺。他敢于创新，独辟蹊径，把当代工艺美术设计融入传统剪纸艺术之中，让剪纸从纸质衍生为各种材质的艺术品或公共艺术装置。其作品表现了刀刻功夫、流畅的线条和饱满的构图及造型，既继承传统，又不乏时代气息，更透着一股灵动活泼的韵味，充满着激情四射的创作活力，彰显着作者独特的艺术理念与审美情趣。这些年来，陈传生致力于将剪纸文化延伸到城市公共艺术、家居饰品、生活用品等领域，力促剪纸民俗文化的生活化应用，赋予传统技艺新的生命力和活力。他认为，汕头剪纸技艺要永续传承，重点在于创新，在弘扬传统文化的基础上，注重新工艺、新材料、新技术的使用，将传统技艺与创意设计相融，推动汕头剪纸产业化发展，让这门技艺薪火相传，是作为非遗传承人的使命与责任。

潮汕机场的SWA视觉地标，是潮汕机场着力打造航站区文化环境建设的重点任务，这是一件非物质文化遗产和公共装置艺术融合创作的"跨界"作品，以非物质文化遗产——剪纸为艺术载体，形象再现了英歌舞、蜈蚣舞等潮汕传统文化。该艺术装置辅以透亮的灯光和潺潺的流水，向世界呈现潮汕蓬勃的文化历史和剪纸的独特魅力。

作品以汕头、潮州、揭阳、汕尾四市地标建筑为创作元素，在红纸上呈现出"大潮汕"人文历史画卷。

陈传生 陈斯嘉 潮汕机场 SWA 视觉地标

陈传生《大潮汕》120 cm x 120 cm

《一湾两岸·幸福汕头》

剪纸文创摆件《一湾两岸·幸福汕头》，将带有汕头元素的剪纸图案融入陶瓷，再嵌上活性炭材料，既有观赏价值又具实用价值。

项目三　观泥塑手工之趣

　　泥塑工艺是雕塑艺术的一种，是艺术教育中的一个重要组成部分，也是幼儿园教育活动中的重要内容之一。幼儿园的泥塑工艺以黏土为主要材料，通过塑造、加工来成型。黏土是一种触感好、塑形力强的造型素材，方便幼儿操作使用。泥塑工艺不仅让人感受到中国传统的艺术美，接受美的熏陶，还可以培养幼儿的想象力、创造力和形象思维，提高幼儿的立体造型能力，促进其身心健康的全面发展。

通过本项目的学习，将实现下列学习目标。

 知识目标

1. 了解中国传统陶艺的历史和种类，知道泥塑的含义及艺术特点。

2. 熟悉传统泥塑和幼儿园黏土泥的工具材料，感受泥塑手工制作的形式美，丰富审美认知。

 能力目标

1. 学会泥塑造型的基本技法，掌握泥塑浮雕和泥塑圆雕的制作步骤，能够在学习过程中归纳总结，举一反三。

2. 能结合幼儿园黏土泥材料制作符合幼儿认识和发展的泥塑作品。

3. 掌握立体成型的方法，能结合辅助材料制作圆雕立体泥塑作品。

✏️ 素养目标

1. 感知传统手工艺，激发对中国传统文化的热爱，培养精益求精的工匠精神。

2. 扩展民间美术认识，培养审美情趣，提高艺术修养。

任务一　传统陶艺

一、陶艺介绍

中国被誉为瓷器之邦，在英文中"瓷器（china）"与"中国（China）"同为一词。作为审美与工艺的结晶，陶瓷不仅是物质文明的产物，更是千年精神文明的沉淀。陶瓷形态的基本材料是水、土、火，只有掌握了水土糅合的可塑性、流变性，以及成型方法和烧结规律，才能促成陶艺形态的产生和演化，使陶瓷器物产生美的形式。"陶艺"是"陶瓷艺术"的简称，广泛讲是中国传统古老文化与现代艺术结合的艺术形式。从历史的发展可知，"陶瓷艺术"与绘画、雕塑、设计以及其他工艺美术等有着无法割舍的传承与比照关系，它是集绘画、书法、雕塑、装饰、人文于一体的综合性艺术，经历了一个复杂而漫长的文化积淀历程，和人类文明的推演、传承密不可分，拥有其他传统艺术无法比拟的地位。

陶艺制品已走进我们的生活中，当我们与家人围餐而坐时，使用的器皿多为陶土烧制而成。陶艺从塑形开始，之后装饰、施釉，再送进烈火中锤炼，最后凤凰涅槃似的从一团泥巴变成一件光彩夺目的陶艺作品。创作者可以将脑海中的想法通过相对应的技法将其变成实物，在这个过程中体会其中的乐趣。幼儿学习陶艺，在创作过程中需要经历观察、思考、操作、欣赏、再操作、再欣赏的过程，可以帮助幼儿完善对事物的认识，丰富幼儿的创作灵感。从感知发育角度来说，幼儿用手触摸柔软的水与忽而粗糙、忽而细腻的泥土，对于建立和完善他们的感知系统也起着至关重要的作用，在与泥土的玩耍与创作过程中，幼儿的形象思维、手部肌肉力量、手眼协调能力都能得到提升。学习陶艺会使幼儿的逻辑思维与创造力得到全方位的锻炼。

陶泥制作活动

（图片来源于山东东城馨苑爱心幼儿园）

二、材料与工具

"工欲善其事，必先利其器"，尽管手是最好的工具，但做陶艺时的一些常备工具也是必不可少。工具运用得当，能取得满意的效果。很多种工具都能制作陶瓷，但要彻底掌

握什么样的作品应该用哪样工具，不仅需要熟悉工具的使用，还要有一定的制作经验。一般常用的制陶工具有如下几类。

① 木工具

木工具与陶泥有着与生俱来的亲和性，抗潮湿，打磨可以使其棱边锐利。

② 金属工具

用金属材质制作的工具，易生锈、腐化、风化，需要经常打磨。

③ 笔

有拂尘笔、刮笔、擦笔、墙刷、画笔、毛笔等，是制陶常用工具。

④ 帆布或麻布

帆布或麻布主要用于脱离泥料、压泥时隔离，通常在压泥板和泥片时使用，目的是使织料和泥片不会粘连。

三、陶艺的制作工序

① 准备制作工具及泥料

根据制作要求准备需要的工具，准备好练好的泥。

② 塑形

用陶泥做出作品的过程叫作塑形，塑形的方法有很多种，首先构思，再根据所要做的作品选择合适的塑形方法，然后动手制作，注意坯体不能有密封空间。

③ 修整、丰富作品

修整作品主要是使其变得更加美观好看。可以通过添加装饰的方法使作品元素更加丰富、耐看，注意在进行粘接时要先用工具刮花粘接面并涂上泥浆。

④ 干燥

坯体完成后应置于阴凉通风的地方晾干，在干燥过程中，坯体会收缩百分之十左右。

⑤ 施釉

施釉是指在成型的陶瓷坯体表面施以釉浆的过程。釉色种类很多，施釉的方法因器皿的大小和形状而异，釉色厚度根据釉色本身的特点以及作品需要确定。施釉的作用除了保护坯体外，还具有装饰的作用，注意坯体与桌面接触的面（点）不能施釉。

⑥ 烧制

陶器的烧制温度一般在700~1200 ℃之间。通过烧制，釉色得以融化，形成玻璃质，加固了器皿。窑炉的种类和烧制方法有很多种，常用的是气窑和电窑，烧制时间12~18小时左右，注意烧制完成后需16~24小时降温才能打开窑门取出作品。

⑦ 调整完成

根据作品出窑效果判断是否需要修整及美化。

四、陶泥制作

① 《陶泥鱼盘》制作

▶▶▶ **制作步骤：**

1	准备陶泥、转盘、水、毛笔、钢针、木质刮板、海绵、擀面杖、木质塑刀、棉麻布等。

2	桌面铺上棉麻布，取适量的陶泥拍扁。

3 ●●●

用擀面杖擀出合适的厚度及大小。

4 ●●●

用木质塑刀画出鱼的形状并切掉多余部分。

5 ●●●

修整鱼的边缘，并搓一个泥团压扁制作鱼眼睛。

6 ●●●

用木质塑刀压出鱼鳍、鱼鳞的肌理。

7 ●●●

将鱼的边缘围出 1.5 cm 左右的高度并修整边缘。

8 ●●●

鱼盘泥稿完成，放在阴凉通风的架子上彻底干燥后，准备石湾红、流动白、透明绿等釉色。

9 ●●●

上釉前用干毛笔或海绵清理泥坯上的浮尘。

10 ●●●

鱼盘上先上一层石湾红釉色，注意与桌面接触点勿涂釉色。

11

待第一层石湾红釉色干后涂第二层。

12

在鱼盘的周边，如图所示涂上流动白、透明绿。

13

鱼盘上釉完成，检查与桌面接触点是否有釉色，如有需处理干净。

② 《熊》制作

▶▶▶ 制作步骤：

1

准备陶泥，转盘、水、泥浆、毛笔、钢针、肌理钢刷、海绵、擀面杖、木质塑刀、棉麻布等。

2

躯干塑造：取适量陶泥拍成合适厚度及大小。

3 ● ● ●

躯干塑造：将泥片卷起，黏结接口并塑形。

4 ● ● ●

四肢塑造：取适量陶泥拍成合适厚度及大小，捏出需要的形状，在接口处用肌理钢刷刮花并涂上泥浆。

5 ● ● ●

如图完成腿部衔接并调整出所需要的姿势。按同样的步骤做出四肢，注意大小及粗细。

6 ● ● ●

如图完成手臂衔接并调整出所需要的姿势。注意四肢与躯干的接口处各自用肌理钢刷刮花并涂上泥浆连接。

7 ● ● ●

取适量陶泥拍成合适厚度及大小，捏出椭圆半球形，将椭圆半球如图接在合适位置。

8 ● ● ●

捏半球形制作耳朵，用木质塑刀压出耳朵内耳郭。

9 ● ● ●

如图搓圆球压扁制作眼睛。

10 ● ● ●

如图搓圆锥形制作四肢指甲。

11 ● ● ● ●

制作好的四肢指甲贴在合适位置。

12 ● ● ● ●

泥坯熊制作完成。

③ 《品茗》制作

▶▶▶ 制作步骤：

1 ● ● ● ●

准备陶泥、转盘、水、泥浆、毛笔、钢针、肌理钢刷、海绵、擀面杖、木质塑刀、棉麻布等。

2 ● ● ● ●

底盘石头塑造：取适量陶泥拍成合适厚度及大小。

3 ● ● ● ●

底盘石头塑造：将泥片卷起，中间填充纸团做支撑。

4 ● ● ● ●

底盘石头塑造：卷好的泥坯放置在转盘的木板上，用木质塑刀等工具塑造出石头的细节。

5 ○○○

如图，底盘石头造型基本完成。

6 ○○○

躯干塑造：取适量陶泥拍成合适厚度及大小，切割出需要的形状，并在接口处用肌理钢刷刮花。

7 ○○○

躯干塑造：接口处用肌理钢刷刮花后涂上泥浆。

8 ○○○

躯干塑造：将泥片卷起，中间填充纸团做支撑。

9 ○○○

躯干塑造：黏结接口并塑形。

10 ○○○

躯干与底盘石头造型连接，接口处各自用肌理钢刷刮花并涂上泥浆。

11 ○○○

如图：将躯干与底盘石头坯体连接，并将连接处抹平及调整。

12 ○○○

四肢塑造：取适量陶泥拍成合适厚度及大小，切割出需要的形状，在接口处用肌理钢刷刮花并涂上泥浆。

13

四肢塑造：将接口处相连接，制作出圆筒形状并塑形调整，同样的步骤做出四肢，注意大小及粗细。

14

四肢塑造：如图完成腿部衔接并调整出所需要的姿势。

15

四肢塑造：如图完成手臂衔接并调整出所需要的姿势。注意四肢与躯干的接口处各自用肌理钢刷刮花并涂上泥浆连接。

16

头部塑造：取适量陶泥拍成合适厚度及大小，捏出椭圆半球形。

17

头部塑造：将椭圆半球如图接在合适位置，并制作耳朵，用木质塑刀压出耳朵内耳郭。

18

头部塑造：如图用拇指腹部压出鼻梁、眼球。

19

头部塑造：如图用钢针画出眉毛、眼睛、嘴。

20

头部塑造：如图取泥条做出嘴的形状。

21

头部塑造：取适量陶泥拍出合适厚度和大小做人物帽子，并用木质塑刀做出布的褶皱。

22

头部塑造：帽子顶端添加泥团并用木质塑刀制作褶皱，帽子完成。

23

头部塑造：取适量泥团搓水滴状压扁后用木质塑刀制作毛发肌理。

24

头部塑造：如图，同上一步骤完成眉毛、胡须等的制作，注意各自的大小及形状，头部塑造完成。

25

塑造鞋子，捏出合适的大小及形状。

26

将鞋子接在合适的位置，接口处用肌理钢刷刮花并涂上泥浆连接。

27

塑造手，捏出合适的大小及形状，并切出手指，塑造出合适的手部动态。

28

将手接在合适的位置，接口处用肌理钢刷刮花并涂上泥浆连接。

29

制作出茶盘、茶壶、茶杯，并放在合适位置。

30

调整人物造型，补充细节。

31

泥稿完成。

32

将泥稿放在阴凉通风的架子上彻底干燥后，上釉前用干毛笔或海绵清理泥坯上的浮尘，准备石湾红、铁红、石墨、竹黄等釉色，在衣服上均匀涂上石湾红釉色。

33

毛发、石头薄涂石墨。

34

用勾线笔蘸上石墨釉色，勾出眼线细节。

35

帽子均匀涂上竹黄釉色，茶壶涂上铁红釉色。

36

在衣服上涂第二层石湾红釉色。

○37 ●●●

检查细节，是否有遗漏，检查与桌面接触点是否有釉色，如有，需处理干净。上釉完成。

五、泥塑作品欣赏

罗银蕊作品

周思作品

莫善如作品

卢苇作品

李霜作品

吴珍作品

拓展练习

1. 根据自己喜爱的动物形象塑造陶艺作品，可以是生活中的小动物，或是想象中的生物，请各自发挥想象力。

2. 制作陶艺花盆，请在外立面添加装饰纹样，展示各自的创意。

3. 根据自己喜欢的童话故事或动画片情节，用陶泥制作故事中的场景或人物，展现对故事的理解。

任务二　超轻黏土

一、黏土泥介绍

黏土是近些年较为流行的一种手工造型材料，具有很强的可塑性、环保无毒无味、干净不粘手、自然风干不开裂等特点，做出的作品鲜活逼真，可达到以假乱真的境界，常用于儿童智力开发、幼儿美术教学、场景制作、人偶制作等。超轻黏土是一种集陶土、纸黏土、雕塑油泥、橡皮泥等优点于一身的手工创作材料，颜色丰富，易混色，其基本颜色可按比例调配成各种颜色，且不需烘烤，与其他材质的结合度高，不管是纸张、玻璃、金属，还是蕾丝、珠片都有极佳的密合度。超轻黏土干燥定型以后，还可用水彩、油彩、亚克力颜料、指甲油等上色，有很高的包容性，在幼儿园手工制作和装饰中使用频率较高。

黏土作品

二、材料与工具

黏土创作常用到的材料与工具有彩色超轻黏土、压泥板、空心棒、压痕笔、丸棒、刻刀、垫板、镊子、抹刀、细节针等。

三、黏土泥造型的基本制作技法

超轻黏土安全环保、可塑性强、色彩艳丽，幼儿可自由揉捏、随意创作，幼儿常用的

基本造型技法有揉、捏、搓、压、切、剪、挑、接、划、贴等。

1

"揉"

"揉"是将黏土放在两只手心中间，双手相对均匀旋转，用力不要太大。

2

"捏"

"捏"指用双手拇指和食指相配合，用力压捏成需要的形状。

3

"搓"

"搓"指将黏土放在双手掌心中，两手前后相对搓动或用一只手在桌面上压擀黏土来回运动。

4

"压"

"压"指用手掌或压石将黏土压成薄薄的饼片状。

5

"切"

"切"指用工具刀将黏土切出所需的形状、长短。

6

"剪"

"剪"指将黏土用剪刀剪出所需形状。

7

"挑"

"挑"指用牙签挑出毛茸茸的效果，一般在创作动物和毛绒玩具时用此法。

8

"接"

"接"指用黏土或牙签等辅助工具把两块黏土连接起来。

9 ● ● ●

"划"

"划"指用工具在黏土表面刻画出纹理图案，以表现物象的质感和装饰性特征。

10 ● ● ●

"贴"

"贴"指将小块黏土粘贴到大块黏土上。

四、黏土泥浮雕制作

黏土泥浮雕是指在平面上制作出凹凸的深浅层次变化和利用光线照射的明暗来进行艺术表现的形式，主要在平面上进行创作，其图像浮动于背景平面之上，有平板式、起伏式、透雕、线雕等形式。浮雕作品根据凸起程度的不同可以分为浅浮雕（也称为低浮雕）和深浮雕（也称为高浮雕）。浅浮雕的起伏较小，形态接近绘画，通常不超过 1 cm 的高度；而深浮雕的起伏较大，形态更接近圆雕，可以是几厘米到几十厘米的高度；此外，还有透雕、线刻等细分形式。在幼儿教学中，可以用玻璃杯、纸盘、纸碗等做底进行泥工浮雕制作，在一块平板上绘制设计的图案，再按照图案设计将不需要的部分去掉，留下凸起的部分形成图案。浮雕制作过程需要幼儿运用手部肌肉，这能培养他们的动手能力和协调性，同时，通过对黏土的捏制、雕刻、塑形，幼儿可以将二维的画面转化为三维立体效果的艺术作品，从而表达自己的想法和情感，促进个性的发展和自我表达能力的提高。

 《天鹅》制作

▶▶▶ 制作步骤：

1 ●●●

准备制作天鹅所需的黏土、压泥板等工具。

2 ●●●

将白色黏土搓成长条。

3 ●●●

将长条捏出天鹅大致形状，注意造型优美。

4 ●●●

捏出天鹅的尾部。

5 ●●●

用橙色黏土捏出天鹅的嘴巴，贴在对应位置。

6 ●●●

捏出天鹅的冠，黏合上去。

7 ●●●

用黑色黏土捏出眼睛，用白色黏土点上高光，组装完成。

② 《醒狮》制作

▶▶▶ 制作步骤：

1 ○●●●

准备醒狮所需的不同颜色黏土以及剪刀、压泥板、丸棒等工具。

2 ○●●●

取适量红色黏土，捏出醒狮头部形状。

3 ○●●●

取橙、黄、绿、白、蓝、黑色黏土搓圆压扁，重复操作，注意各个颜色的大小及厚度。

4 ○●●●

将压好的圆依次叠好，注意位置对称。

5 ○●●●

取白色黏土搓成圆锥形并整理形状，紧贴至眼睛上部，注意对称。

6 ○●●●

取白色黏土，搓成两边尖中间粗并贴在眼睛底下。

7

取两团红色黏土，捏出两个大小相同的三角形贴在头顶两端。

8

取白色黏土，搓成细长状，贴在耳朵边，注意长度贴合。

9

取黄、红、白色黏土搓圆条，然后围成半圆形压扁再添加肌理感，贴于眼睛下面白黏土下方作为嘴巴。

10

将嘴角多余的黏土剪掉后贴在白色黏土底部。

11

用剪刀将耳朵、眉毛、胡子剪出毛絮，注意造型优美。

12

取一团白色黏土，搓成两边小、中间粗的长条，整理造型贴在胡子上方并剪出毛絮。

13

用黄色黏土，搓出一边尖一边粗的六条短条状放在耳朵上，再点缀圆点。

14

做一个饰品装饰额头。

15

用黄色和橙色黏土分别搓出两边小中间大的条状，将两边卷起来，再用青色黏土搓一个圆做鼻子，注意整理造型。

16

用橙色黏土搓出两个大小相同的圆，置于鼻子下方，最后整理细节，注意造型优美。

五、黏土泥圆雕制作

圆雕又称立体雕，是艺术在雕件上的整体表现，圆雕作品不依赖于任何背景或平面，它们自身是完整的立体作品，可以通过环绕观察来欣赏其艺术价值，获得全面的视觉体验。幼儿园泥塑圆雕的重点是制作过程中造型特点立体几何化表现，先让幼儿想象他们要制作的造型，可以是动物、植物、人物等，再让他们在纸上画出设计图的形体，可用几何形概括描绘，接着根据设计图，让幼儿用黏土捏出基础的形状，如球形、圆柱形等，借助塑形工具在基础形状上添加细节，突出童趣和形象，最后晾干保存。通过这个过程，幼儿不仅能锻炼动手能力，还能学习到如何将想象转化为现实，这对他们创造力和想象力的发展非常有帮助。

① 《蜗牛》制作

▶▶▶ 制作步骤：

1

准备蜗牛所需的不同颜色黏土、丸棒、压泥板、抹刀等工具。

2

取适量黄色黏土搓成细条状并截取长度相等的2条做眼睛支架。

3 ○○○

取一团黄色黏土搓成柱形后再压扁做蜗牛身体。

4 ○○○

取红色黏土搓成柱形压扁做蜗牛身体，注意要比黄色部分大一点。

5 ○○○○

将黄色压扁的黏土叠在红色上面，取一团青色黏土搓成细长圆锥形做蜗牛的壳。

6 ○○○○

将青色黏土细的一段往里卷成螺旋状，然后贴在黄色黏土一端，注意造型优美。

7 ○○○

取黄色黏土搓成小圆球贴在蜗牛壳上装饰。

8 ○○○

取白色黏土搓出两个大小相同的圆球形做蜗牛眼睛。

9 ○○○

取黑色黏土搓圆压扁，贴至白色圆球形上，注意大小。

10 ○○○

将眼睛贴在黄色支架上适当的位置，注意造型优美，完成制作。

② 《海龟》制作

▶▶▶ 制作步骤:

1 ●●●		2 ●●●	
	准备小海龟所需的不同颜色黏土、压泥板等工具。		取青色黏土搓成椭圆形,然后捏成中间厚两边薄的扁半球形做海龟背部。
3 ●●●		4 ●●●	
	用青色黏土搓成条状,贴于龟背边缘一圈。		用绿色黏土捏出小圆点装饰龟背。
5 ●●●		6 ●●●	
	用黄色黏土捏出乌龟头部形状,再用工具挑出嘴巴。		取黄色黏土搓成水滴形后压扁做海龟的四肢和尾巴。

将四肢和尾巴分别贴在海龟背下面合适的位置，注意造型优美。

用褐色黏土搓出圆形，并贴在乌龟四肢和头部作为装饰。

用白色和黑色黏土做出海龟的眼睛，制作完成。

③ 《荷塘蛙趣》制作

上　　　下

▶▶▶ 制作步骤：

第一部分：底座的制作

准备一个底座，将蓝色与白色黏土进行不完全混合，铺在底座上面。

拿出绿、蓝、橙色黏土混合成暗绿色，制作草丛。

3 ● ● ●

将暗绿色黏土围在底座周围并调整形状。

4 ● ● ●

用硬毛刷子在草丛上按压出肌理感，底座完成。

第二部分：荷叶、荷杆、莲蓬的制作

1 ● ● ●

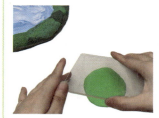

用绿色黏土搓圆压扁，制作荷叶。

2 ● ● ●

用牙签在荷叶上压出荷叶纹路。

3 ● ● ●

将荷叶放在一个半圆模型（小杯子）上，塑出荷叶形态。

4 ● ● ●

荷叶完成，晾干3小时左右定型。

5 ● ● ●

拿出绿色黏土搓细长条做荷杆。

6 ● ● ●

将18号花艺铁丝压在长条中间，继续搓条。

7 •••

晾干2小时后用剪刀在长条上剪出小尖角,注意不要把长条剪断。

8 •••

荷叶杆完成。

9 •••

制作莲蓬。将绿色黏土搓圆压半球形后捏成圆锥形,用牙签在侧面部分压出纹路。

10 •••

用小号的点珠压痕笔压出纹路。

11 •••

莲蓬完成。

第三部分:花苞、荷花的制作

1 •••

拿出粉色黏土捏成水滴形,制作荷花花苞。

2 •••

将粉色黏土搓成圆锥状后压扁,做花瓣。

3 ● ● ●

用牙签给花瓣压出纹路。

4 ● ● ●

按照以上步骤制作多片花瓣，包裹起来制作花苞。

5 ● ● ●

花苞完成。

6 ● ● ●

按照莲蓬的步骤制作莲花花蕊（用浅绿色黏土）。

7 ● ● ●

捏若干黄色的细条，制作成花蕊并贴合在周围。

8 ● ● ●

参照花苞花瓣的步骤做出若干花瓣并组合粘贴。

9 ● ● ●

借助小碗塑形荷花。

10 ● ● ●

用深一点的粉色制作荷花的外花瓣。

11 •••

荷花完成，注意塑形3小时定型待用。

第四部分：青蛙的制作

1 •••

准备制作青蛙所需的不同颜色黏土、压泥板等工具。

2 •••

取出绿色黏土捏成鸡蛋形。

3 •••

取出浅绿色黏土搓圆压扁。

4 •••

将浅绿色黏土作为青蛙的肚子贴在绿色椭圆形上。

5 •••

制作青蛙眼睛。搓两个绿色小圆球，将白色黏土压扁做眼白。

6 •••

在眼球上放黑色眼珠，并点上高光。

7

制作青蛙前肢。搓出较小的长水滴形，并用深绿色黏土制作几条小短条压扁。

8

将前肢与前肢的花纹贴到青蛙主体上。

9

搓2条比青蛙前肢稍大点的长水滴形，制作为青蛙的后腿。

10

如图贴在青蛙主体上。

11

做花纹装饰青蛙。

12

再做出两个很小的水滴形。

13

贴在后腿下面，做脚掌。

14

给青蛙添加表情。

15

参照以上步骤再制作一只小青蛙。

第五部分：荷塘蛙趣组装

1

将定型后的零件摆好。

2

将青蛙放在底座中央。

3

将莲花、荷杆、荷叶等围绕青蛙装饰，注意不要遮挡青蛙。

4

继续丰富，注意错落有致，用热熔胶枪固定，完成制作。

六、黏土作品欣赏

黄雅桐作品

陈宇楠作品

唐慧然作品

陈思佳作品

潘桥燕作品

邓永叶作品

詹泽涵、江婉仪、江晓晴、
谢鑫作品

陈思佳作品

何远翔作品

邵思华、罗宇、陈培悦、
张瑶瑶、陈诗棋作品

学生作品

学生作品

拓展练习

1. 尝试在纸板或纸盘上制作黏土泥浮雕造型，要求形象生动，构图富有美感。

2. 根据圆雕技法，每人尝试创新制作完成 2~3 件人物、动物的圆雕作品，要求塑造对象特征明显，具有美感，充满童趣。

3. 请 2~4 人为一小组，根据立体成型的方法，尝试制作童话故事圆雕场景。

漫　塑

漫塑顾名思义就是漫画雕塑，是雕塑艺术之一，具有强烈的讽刺性或幽默性。漫塑作者通常以夸张、比喻、象征、寓意等手法塑造幽默、诙谐的艺术形象。

漫塑是我国历史最久远的雕塑艺术，亦是我国具有悠久历史的传统造型艺术。漫塑萌于原始初期的岩画及陶塑，起步于新石器时代，至秦汉已趋向成熟。我国最原始最大型的阴山岩画，被认为是我国漫画雕塑的雏形，而后原始陶塑的出现又为漫塑的产生奠定了基础，及至秦代墓葬佣的兴起为漫塑的发展造就时代条件，至汉代已日臻于成熟，是我国古代漫塑制作的高峰和辉煌时期。汉代以陶俑随葬之风较之秦大盛，而且比秦代的品种更为丰富，除兵马俑、侍从俑以外，还有歌舞俑、伎乐俑、劳作俑等，内容更加贴近社会现实，有着浓厚的生活气息。汉代的说唱俑可谓是我国古代漫塑的史经传世之作，作品人物眉飞色舞，面部表情丰富而滑稽，从人物的动态可以感受到音乐的节奏感也融合在这一雕塑形象中，完美体现了神形兼备、以神取胜的漫塑艺术语言特征。因此，漫塑与雕塑有共性，同时又有着自己独特的个性艺术语言，塑造出随意而不失神韵的艺术形象。

漫塑艺术发展到现代，渐渐被人们广泛接受并且喜爱。陶瓷漫塑作为现代新美术的一种艺术形式，其捏塑、烧制过程及烧成后所表现的陶瓷个性是令人惊艳的。用传统陶塑技法，融合现代的主流思绪，突出作品的时代感与真实性，是现代理念下传统文化的产物，更是漫画造型和陶瓷雕塑艺术的完美结合。其产生对当下艺术、经济与社会的发展做出了突出贡献，产生了深刻影响。而在这百花齐放的陶艺浪潮中，中国雕刻艺术大师——王增丰正是漫塑艺术的历史传承中的大力推广者，他把漫塑融入中学美术教育中，在抢救与保护传承我国的历史文化遗产、留住中国传统文化的根脉方面有着重大的意义。

漫塑是漫画和雕塑两种艺术表现手法的结合，王增丰称之为"会笑的泥"。文化部原部长刘忠德指出王增丰的漫塑艺术最大特点，就是作品能传达给人们快乐，他的作品充满人情味，充满着和谐、宽容，用泥巴表达他所体察的生活，对人和事的情感，以及对社会、人生的积极态度。

现代人在城市快节奏的生活压力下更喜爱幽默和轻松的艺术氛围，漫塑作品符合当代人的审美情趣。除了上述选材存在交集外，漫塑家因地域文化、创作理念的不同，在题材的选择上各具特色。地域对于任何艺术家来说，是土壤，更是基因，滋养着艺术家的艺术成长之路，艺术创作在不同程度上会受到地域文化的影响，取材也是其中之一。石湾陶塑文化滋养下的童盛强，是王增丰漫塑艺术的传承人之一，取材也有所不同，比如其作品龙年生肖《一团和气》塑造了一只小胖龙自抱一团，构图首尾相接，"霭一团之和气"，精妙绝伦。这可爱诙谐的形象又不失其美好，体现了民间艺术超越时空的造型观。中国人自古以来就注重"和"，和睦、和气、和顺。"和"也是中国哲学中一个很重要的概念，是民间百姓家中向往的生活方式。"一团和气"通过造型特征和赋色方法两个方面表现了"和"的寓意。圆形构图让内部完满，没有缝隙，蕴含圆则满，满则圆，心有圆满便幸福的中华民族朴素的哲学。

　　传统上来讲，漫塑就是将漫画的表达形式运用于泥塑，也被称为立体的漫画、空间的艺术。但是，随着社会的发展，漫塑不应该局限于传统的泥塑和陶塑，很多材质都可以被很好地运用于漫塑创作。比如童盛强的《我心向佛》，对罗汉的人物形象进行夸张变形为表现形式，整件作品以漫传神、以神定形、以神取胜、神形合一，此外漫塑最大的技艺特点在于其捏塑，这一技艺与其陶泥材质分不开，《我心向佛》也在最大限度地展现其"手作"之功。童盛强的漫塑对传统留下的一些东西进行变通、发挥和创新，更贴生活、紧跟时代、接地气。

　　漫塑需要一代代人去传承，其神韵、内涵所带给观众的体悟比塑造技艺、材质给予观众的要多很多，也重要很多。

王增丰《乡村小乐队》

王增丰《天伦乐》

童盛强《一团和气》

童盛强《我心向佛》

项目四 言布艺手工之灵动

　　布艺在幼儿园教育教学中的应用是比较广泛的，可以从教具、玩具和环境布置三个角度去思考，根据学前儿童的年龄、心理特点和实际需求进行设计，力求作品形象特征突出、造型夸张、色彩鲜艳、便于制作、具有观赏性和实用性。布艺手工制作材料较多，颜色较丰富，创作中颜色的选择和搭配很关键。布艺玩具的色彩设计，可以运用装饰色彩的基本原理进行构思，要注意多种布料之间的色相对比、明度对比和纯度对比，既要追求变化，又要讲究协调统一。本项目将介绍中国传统扎染布艺和现代布艺的缝纫方法，并结合案例分析传统与现代布材在幼儿园中的应用，其中掌握扎结、浸染、缝制的方法，学会创新现代材料制作布贴画、布玩偶是重点。

学习目标

通过本项目的学习，将实现下列学习目标。

**知识目标**

1. 了解中国传统扎染手工工艺，知道现代布艺手工的制作类型和立体裁剪知识。

2. 熟悉不织布材料的特点和用途，感受不同材质布艺手工的形式美，丰富审美认知。

能力目标

1. 掌握扎结、染色的基本技法，学会锁边缝、贴布缝、轮廓缝、平针缝、回针缝等常用的布艺缝纫方法。

2. 掌握不织布缝制的制作步骤，能够在学习过程中归纳总结举一反三，能应用扎染布艺作品装饰环境。

3. 能应用生活中常见的布艺材料设计并制作几种布艺玩具和教具。

素养目标

1. 训练动手动脑的能力，培养创新意识。

2. 培养观察生活、热爱生活，细致耐心的品质。

3. 了解民间美术知识，继承和发扬民间传统手工艺术。

任务一　传统扎染

一、扎染介绍

扎染是中国一种古老的纺染工艺，不仅是艺术与技术完美结合的整体美，更折射出民族文化的光辉，具有浓郁的民族特色和较高的艺术价值，人们通常把它称为"没有针线的刺绣""不经编织的彩锦"。

扎染，顾名思义，"扎"和"染"。在悠久的文化沉淀中，因为不同的文化背景，扎染发展成各家不同的风格和流派，传达着别样的气息。扎染技艺作为我国非物质文化遗产之一，具有重大的历史文化意义。幼儿接触传统工艺扎染，能够亲身感受扎染的魅力，在探索体验扎染活动过程中，发现扎结与染色之间产生的晕染变换，从中感悟不同的扎结方法与所呈现的图案之间的规律。

扎染的制作方法别具一格，旧籍《资治通鉴》曾生动地描述了古人制作扎染的工艺过程，"'撷'撮采线结之，而后染色。即染，则解其结，凡结处皆原色，余则入染矣，其色斑斓"。

扎染作品

二、材料与工具

扎染所需工具及材料有线、针、各种图案夹板、夹子、竹夹、皮筋、蓝靛泥植物染料、还原剂、固色剂、水盆、一次性手套，白色棉麻方巾、布袋、抱枕、扇子、围巾等可以扎染的材料。

扎染常用工具及材料

三、扎染制作技法与步骤

（一）扎结

扎结又称绞扎、扎花，原名扎疙瘩，即在布料选好后，按花纹图案要求，在布料上分别使用撮皱、折叠、翻卷、挤揪等方法，使之成为一定形状，然后用针线一针一针地缝合或缠扎，将其扎紧缝严，让布料变成一串串"疙瘩"。每一件扎染作品因为"扎花"手法的不同而有着千差万别的效果，甚至同一种"扎花"手法，一点点细微的差别也会有非常不一样的成品展现，常见的扎结方法有以下几种。

① 针缝法

利用针缝方式做出具象的图案，要对作品效果有预判，针脚大小、匀称度、抽紧线的程度、浸染时间等都会影响最后染出来的效果。常见的针缝法效果有一字纹、鱼鳞纹等。

一字纹

鱼鳞纹

② 捆扎法

将织物按照预先的设想，随意捏成一团或揪起一点或拧成长条，用皮筋捆扎，因其并无一定的规则，所以每个作品皆会呈现不同的效果。常见的捆扎效果有花朵纹、花瓣纹、螺旋纹、扇形纹等。

花朵纹

花瓣纹

螺旋纹

扇形纹

③ 夹染法

夹染法主要是利用织物被夹固以后，染液难以渗入的特点而产生花纹，用什么样的折叠方式和夹固的图形都是影响效果的重要因素。可利用圆形、三角形、六角形等形状的木板、竹片、竹棍将折叠后的织物夹住，然后用绳或皮筋捆紧形成防染，夹板之间的织物产生硬直的纹样效果，与折叠方式相比，黑白效果更分明，且有丰富的色晕。常见的夹染法效果有方形纹、爱心纹、六边形纹等。

方形纹

爱心纹

六边形纹

④ 其他综合扎法

将针缝法、捆扎法、夹染法等多种扎制方法进行结合，综合应用创新。利用扎、缝、夹结合，不同的组合可得到丰富多彩的效果。

（二）浸染

浸染即将扎结好的布料先用清水浸泡一下，再放入染缸里，或浸泡冷染，或加温煮热染，经一定时间后捞出晾干，然后再将布料放入染缸浸染。如此反复浸染，每浸一次色深一层，即"青出于蓝"。扎结的部分，因染料浸染不到，自然成了好看的花纹图案，染出的成品也具有独特性。浸染采用手工反复浸染工艺，形成以花形为中心，变幻玄妙的多层次晕纹，凝重素雅，古朴雅致。植物蓝靛泥的魅力在于，同一缸染料，由于我们染的次数、时间不同，它所呈现的深浅就会不同。浸染的方法和步骤如下。

① 调制染料

取容器放入 2000 mL 温水，加入 20 g 染料溶解化开。

② 浸泡

　　将扎好的布料用清水完全浸泡湿透。可以用手轻揉，使布料浸透。这样做是为了使染色效果更自然。

③ 浸染

　　将浸泡好的布料放入染液中染色 5~20 分钟，使布料慢慢着色。

④ 冲洗

　　将染好的布拧干拿出，用清水冲洗掉表面浮色。

⑤ 固色

　　准备 2000 mL 水，倒入 12 mL 固色剂化开，放入扎染好的布料样品浸泡 10 分钟，保护布料颜色，起固色作用。

6 拆线

　　用剪刀或其他工具将捆扎的线拆下来，小心别把布料剪坏了。

7 晾晒

　　将布块放入清水中冲洗干净，撑平晾干，熨烫平整。

四、扎染作品欣赏

1. 创意捆扎练习：尝试不同的捆扎方法，利用自然物品（如树叶、树枝）进行捆扎，设计自己的捆扎图案，进行个性化创作。

2. 色彩搭配练习：通过实践不同的色彩组合，探索色彩对比与和谐的效果。

3. 图案设计练习：从自然界、文化元素或个人兴趣中寻找灵感，设计独特的扎染图案。练习将图案转化为可操作的捆扎步骤。

4. 技术挑战练习：设计一系列技术挑战，在有限的时间内完成捆扎和染色。练习尝试使用不同的染色技巧，如渐变染、层叠染等。

5. 文化探索练习：研究不同文化中的扎染艺术，了解其特色和象征意义。尝试制作具有特定文化特色的扎染作品。

6. 环保意识练习：讨论和实践使用环保染料和材料。探索如何通过扎染艺术提高公众对环保问题的认识。

安全注意事项： 在操作过程中要正确使用染料、避免吸入染料蒸汽等。

一、布艺介绍

　　传统意义上的布艺，即指布上的艺术，是中国传统手工艺中一朵瑰丽的奇葩。手工布艺以布为原料，是集传统手工剪纸、刺绣、制作工艺为一体的综合艺术。勤劳智慧的中国妇女将自己美好的情感倾注针缝之中，风格或细腻纤秀、淡洁清雅，或粗犷豪放、色彩鲜明，创造出了无数动人心弦的布艺作品。本任务主要介绍幼儿园常见的由不织布、扎染布、生活废旧布料等所制作的幼儿手工作品。布作为生活常见物品，随手可得，可以鼓励幼儿通过剪、拼、贴、染色等趣味布艺活动，丰富学习体验，锻炼幼儿的实践能力和审美创造意识。

布艺作品

二、材料与工具

　　不织布、扎染布、生活废旧布料均可，针线盒、填充棉、铅笔、橡皮、白纸、热熔胶枪、剪刀等。

三、布艺手工缝制基本针法

（一）平针缝

平针缝

平针缝是最常用最简单的一种手缝方法，通常用来做一些不需要很牢固的缝合，以及做褶裥、缩口等，可以一次多挑几针然后一起拉紧线头。平针的针脚距离一般保持在 0.5 cm 左右。

（二）锁边缝

锁边缝

锁边缝是类似于机缝而且最牢固的一种手缝方法，用这种方法可以缝合拉链、裤裆、包包等，常用在牢固度要求较高的地方。

（三）扣眼缝

扣眼缝

这种方法一般用来缝制织物的毛边，以防织物的毛边散开。用途和锁边缝一样，但后者的装饰性和实用性都要更强一些。

（四）藏针缝

藏针缝

藏针缝是很实用的一种针法，能够隐匿线迹，常用于不易在反面缝合的区域。

（五）贴布缝

贴布缝

贴布缝是把较小的布片贴合到另一片较大的底布上，使图案更富有层次感和立体感，缝制时一般要沿着布的边缘出针、入针，针脚跟布的边缘成90°，通常用于缝合较小的装饰造型，组合运用可以创造出各种图案。

四、不织布制作

① 《小鸡卡包》制作

 制作步骤：

1

准备 10 cm×7 cm 的蓝色不织布、9 cm×7 cm 的杏色不织布、白色和蓝色线、针、小号锥子、剪裁好的小鸡各部位零件。

2

用白线按平针缝法把小鸡的五官缝上。

3

再用平针缝法沿着小鸡轮廓缝在杏色不织布上。

4

将两块不织布底端对齐，取蓝色针线用锁边缝法将两块不织布缝合。

用小号锥子在左上角钻出一个孔，把链条穿入，小鸡卡包完成。

② 《粽子香包》制作

▶▶▶ 制作步骤：

1 ●●●●

准备剪裁好的粽子零件，肉色线、绿色线、黑色线、针和剪刀。

2 ●●●●

准备绿色线，把裁剪好的粽叶按顺序叠放好。

3 ●●●●

如图，用平针缝法缝制在浅绿色粽叶边缘，同时固定粽叶的绿色及黑色部分。

4 ●●●●

取肉色线、黑色线用藏针缝法及平针缝法缝制五官。

5

将缝制好的两片粽叶用黑色线平针缝制在五官下方，边缘与底部对齐。

6

缝制顶端的叶片及挂件口。用黑色针线将前后两片不织布片进行锁边缝。

7

封口前在粽子内部塞入棉花或香料再进行锁边缝。

8

端午粽子香包完成。

③ 《手指布偶猪》制作

▶▶▶ 制作步骤；

1

准备粉色针线、活动眼珠、剪刀，剪裁好的小猪脑袋、身体、腿、猪鼻子和猪肚子形状等各部位零部件。

2

将小猪的鼻子缝在脸部相应的位置，取粉色针线用一字缝法缝在小猪鼻子上缝出鼻孔和嘴巴。

3 ● ● ●

如图，在相应位置贴上活动眼珠。

4 ● ● ●

头部取粉色的针线用锁边缝法缝制在一起，留出下巴位置及小猪面部右边位置不缝，同时用贴布缝法将小猪耳朵缝在头部适当位置。

5 ● ● ●

将小猪的肚子、前腿用贴布缝法缝在适当位置，再将小猪身体进行锁边缝。

6 ● ● ●

用粉色针线将小猪头部和身体用贴布缝法缝合在一起。

7 ● ● ●

将棉花从小猪头部右边塞入，再用粉色针线进行锁边缝，手指布偶猪完成。

五、布贴画制作

 《蛋糕贺卡》制作

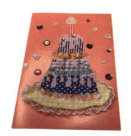

▶▶▶ 制作步骤：

1

准备碎布、蕾丝带、粉色卡纸、铅笔、剪刀、双面胶、装饰零件等材料。

2

在粉色卡纸上勾勒出蛋糕的草图。

3

取喜欢的碎布剪出合适的大小及形状，拼凑出蛋糕主体结构。

4

继续选择喜欢的碎布，丰富蛋糕的细节。

5

用双面胶将剪裁好的碎布固定，同时按画面设计的先后顺序粘贴，准备好装饰零件丰富细节。

6

如图，将搭配好的装饰零件固定在纸面上，布贴画的蛋糕贺卡完成。

② 《扇面花》制作

▶▶▶ **制作步骤：**

○━1 ••••

准备布艺扇、碎布、蕾丝带、针线、剪刀、装饰材料等。

○━2 ••••

选择喜欢的碎布剪出合适大小及形状的花瓣。

○━3 ••••

将剪好的花瓣拼出花朵的形状，并用装饰材料装饰细节，完成设计。

○━4 ••••

选蓝色线用平针缝固定花瓣。

○━5 ••••

第二层选择黄色针线，第三层用绿色针线，均用平针缝缝制，在缝制过程中添加亮片、彩珠、蕾丝进行装饰及丰富扇面。

○━6 ••••

第四层添加红色针线，用平针缝缝制，继续丰富细节，中间部分用碎布装饰。

○━7 ••••

如图，布贴画扇面花完成。

六、布艺作品欣赏

（1）不织布作品的欣赏。

何怡嫣作品

华恬作品

冯晓彤作品

（2）布贴画作品的欣赏。

邓淑琼、华更凤作品

何怡嫣、华恬作品

黄雅桐作品

拓展练习

1. 尝试用扎染的布艺作品作为材料，结合布艺缝制方法创新设计一件有艺术感的作品。

2. 请以不织布为材料，结合手工缝制技法设计并制作一件实用的生活布艺作品。

3. 请小组合作，以不织布、生活布艺为材料，结合 2~6 岁幼儿语言、认知、情感和社会性发展知识制作一本 6 页以上的手工布书。

中国木偶与木偶戏

　　木偶，是一种木刻的人像，又称木禺。木偶原是我国古代的一种手工艺品，后来由演员操纵其演戏，于是成为我国古代民间一种很受欢迎的表演艺术，称为"傀儡戏"或"木偶戏"。中国的木偶戏兴起于汉代，明代木偶戏已流行全国各地，经济发达的南方各省区木偶戏更为繁荣，故有"北有皮影，南方好傀儡"之说。清代以后木偶戏进入全盛时期，不仅流行范围广，演出的声腔也日益增多，出现了漳州布袋木偶戏、泉州提线木偶戏、晋江布袋木偶戏、邵阳布袋木偶戏、高州木偶戏、潮州铁枝木偶戏、川北大木偶戏、辽西木偶戏、石阡木偶戏、阳提线木偶戏等分支。清代乾隆年间，各地方木偶戏与地方戏曲相结合，又分出提线木偶、布袋木偶、杖头木偶、铁枝木偶四大类。

　　提线木偶，又称"悬丝傀儡"，由偶头、笼腹、四肢、提线和勾牌组成，高约两尺。偶头以樟、椴或柳木雕成，内设机关，五官表情丰富；竹制胸腹，手有文、武之分，舞枪弄棒，笔走龙蛇，把盏挥扇，妙趣横生；脚分赤、靴、旦3种，勾牌与关节间有长约3尺的提线。近年来，木偶舞台演出区域扩展，泉州木偶剧团提线表演占据整个舞台空间，提线可达6尺，难度大，但表现力大增。提线一般为16条，根据木偶动作需要取舍，合阳线戏基本提线5条，做特技时可增加到30余条，演来细腻传神，技巧高超。自古及今，倍受称赞。

提线木偶表演

　　布袋木偶又称"掌中木偶"，以福建漳州、泉州最盛。偶高尺余，由头、中肢和服装组成。它以樟木雕头，机关控制表情和肌肉运动；手分拳、掌，食指入头颈，中指、拇指

操纵双手，动作敏捷，准确丰富，构成布袋木偶的主体；有时表演者以一小竹签插入偶袖捻动，丰富手臂动作，而且他们可以凭借精湛技艺，做出开扇、换衣、舞剑、搏杀、跃窗等高难动作，令人叫绝。布袋木偶剧目丰富，传统、现代、神话、童话，题材众多，新型工艺结构，不胜枚举。

布袋木偶表演

杖头木偶，古称"托偶"或"托戏"，俗称"三根棒"。用三根木棒操纵，其中一根支撑木偶头部，头以木雕，内藏机关，称为主棒或面棒，耳、眼、鼻、嘴均能闭合张开，眼珠转动，头颈上下左右扭转；另两根木棒操纵木偶人的双手，称"手挑子"，为木、竹制，各派长、短不同，手杆与手、肘相接。由表演者操纵一根命杆（与头相连）和两根手杆（与手相连）进行表演，依手杆位置有内、外操纵之分。"内操纵"者多演传统戏曲剧目，宽袍大袖，便于表演戏曲程式，动作灵活，栩栩如生。"外操纵"多弯把式命杆，负担减轻，表现力增加。最早的木偶是用木雕，一个木偶重约五六斤，现在技术改良后，木偶的头部和身体都是纸做的，一个木偶重约两斤半。纸制偶头转向灵巧，便于控制，机关多样，动作丰富；因手杆在外，身体塑形自由，整体感增强，突破了传统造型的局限，更合人物与时代需要；手的材料不断更新（木—塑料—树脂），手杆逐渐由钢丝替代，"打脚"也出现了"横飞燕""大跳"等舞蹈动作，这对剧目的开拓、表演的发展、观众的发掘，意义重大。

三根木棒，支撑起杖头木偶，演员指尖轻捻，轻盈的水袖收放自如，生动呈现出木偶所演绎角色的喜怒哀乐。时至今日，杖头木偶声势依然。

杖头木偶表演

铁枝木偶流传于粤东、闽西，据说源自皮影戏，潮汕人称"纸影戏"。偶高 1 到 1.5 尺，彩塑泥头，桐木躯干，纸手木足，操纵杆俗称"铁枝"，一主二侧，铁丝竹柄。表演者或坐或立，于偶后操纵，形象规整，结构独特。近年来，又加高了偶身，调整扦位，使其出现了新的转机。

铁枝木偶表演

项目五　创综合手工之新意

　　综合手工是结合了多种手工艺术技巧和材料的创意活动，包含从简单的剪贴到复杂的拼贴画，缝制、钩织、木工手艺、塑料模型制作等多种手工形式，作品可以融合纸张、布料、木料、塑料、金属、珠宝、自然材料、瓶盖、快递纸盒等各种材质，创作者可以根据自己的想法和设计需要选择相应的材料和技术进行创作。通过实践，创作者能够深刻理解各种手工技巧与材料的使用方法，也能体验从设计到完成的整体过程，创造出独一无二的手工艺品，这不仅锻炼了动手能力，还激发了创造力和审美能力。

学习目标

通过本项目的学习，将实现下列学习目标。

 知识目标

1. 了解综合手工的概念和材料，知道自然造物和废物利用的知识。

2. 熟悉自然材料和环保手工材料的特点和用途，感受不同材质布的肌理质感与形式美。

能力目标

1. 掌握自然材料造物和环保材料造物的创意设计方法，学会用拼贴、绘画、裁剪等造型形式创意制作综合手工作品。

2. 掌握用蛋壳、贝类、植物种子、纸杯、水果网、锡纸、环保塑料等材料创意制作的方法，能够在学习过程中归纳总结，举一反三，应用综合手工作品装饰环境。

3. 训练对材料的感知和综合运用能力，能应用生活中的自然材料和环保材料设计并制作玩教具。

素养目标

1. 观察生活、感知生活，培养审美情趣，提升艺术修养。

2. 参与环保设计与制作，培养环保意识，树立勤俭节约的精神。

 **自然材料手工**

一、自然材料手工介绍

　　自然材料手工是指使用自然界中的材料，如树枝、树叶、花朵、石头、贝壳、果壳、羽毛等，来进行手工艺创作的一种活动。一切利用自然界中的材料进行创作的艺术形式均可称为自然材料手工。这种活动强调的是通过直接与自然材料的接触，促进对手工艺的兴趣和对自然环境的尊重，呼应环保和可持续发展的理念。

　　在自然材料手工活动中，首先会收集自然材料，然后根据材料的特性和自己的设计意图进行构思和创作，这个过程可能包括拼接、粘贴、编织、雕刻等多种手工技艺，呈现出的手工作品可以用于环境装饰，如教室墙面、走廊展示等，不仅美化了环境，还提供了展示自己作品的机会，增强了信心和成就感。幼儿园自然材料手工活动的主要目的是通过实践活动，培养幼儿的观察力、想象力和创造力，同时加深幼儿对自然和环保的认识，让他们在动手操作的过程中体验自然之美。

自然材料

二、材料与工具

　　生活中的自然材料随处可见，常被用于幼儿手工制作的材料有树叶树枝、花朵、石头、贝壳、果壳种子、松果、竹子、海藻等。

　　树叶是自然材料手工中常用的材料之一，它们的形状、颜色和纹理各异，可以直接用来装饰，也可以经过特殊处理，如压干、染色等，用于制作书签、装饰画等。树枝具有独特的线条和形状，可以用来制作框架、摆件、装饰品等，还可以结合其他自然材料，如绳子、布料等，创作出更多样式的作品。花朵以其美丽的色彩和形状，成为自然材料手工中的热门选择。干花、新鲜花朵或花瓣都可以用来制作花环、花束、装饰品等。石头的形状和质地多样，适合用来制作摆设、饰品、工艺品，同时也可以进行彩绘、拼接等处理，创作出独一无二的艺术品。贝壳具有独特的形状和质感，它的光泽和形态能为作品增添海洋的元素，常用于制作饰品、装饰画、风铃等。果壳中的果核、种子等可以通过创意组合以形成有趣的图案和形状制作成美丽的装饰品、工艺品。

　　制作过程中还需要一些辅助材料，如铅笔、画纸、颜料、胶水、剪刀、镊子、托盘、水彩笔等辅助材料。

三、植物叶子拼贴造型制作

 《金鱼》制作

▶▶▶ **制作步骤：**

准备多种形状、颜色的树叶，双面胶、剪刀、镊子、白色手工纸。

根据金鱼的造型挑选出合适的叶片拼搭出金鱼的基本造型。

3

确定主体物金鱼的造型与摆放位置，用适合的树叶装饰周围，丰富画面，确定画面构图。

4

根据造型需要修剪树叶多余部分。

5

用双面胶固定树叶。

6

粘贴于纸面上，金鱼树叶拼贴画完成。

② 《狐狸》制作

▶▶▶ **制作步骤：**

1

准备多种形状、颜色的树叶、双面胶、剪刀、镊子、白色及黄色手工纸。

2

取黄色手工纸修剪出地面部分并用双面胶固定。

3

根据狐狸的造型挑选出合适的叶片拼搭出狐狸的基本造型。

4

确定主体物狐狸的造型与摆放位置，用适合的树叶装饰周围，丰富画面，确定画面构图。

5

根据造型需要修剪树叶多余部分。

6

用双面胶固定树叶。

7

狐狸树叶拼贴画完成。

四、玉米皮造型制作

 《玉米皮金鱼》制作

▶▶▶ **制作步骤：**

1 ○ ●●●

准备几张干净的玉米皮、剪刀。

2 ○ ●●●

撕 4 片宽约 2 cm、长度基本一致的玉米皮。

3 ○ ●●●

撕一条细细的玉米皮做线，如图捆住 4 片玉米皮末端，打结固定。

4 ○ ●●●

如图相互缠绕，一片压住另一片，第四片穿过第一片。

5 ○ ●●●

拉紧，如图效果。

6 ○ ●●●

重复步骤 4 和步骤 5 五六次，得到如图效果。

7 ○ ●●●

撕一片宽度约 2 cm 的玉米皮，卷成一卷做金鱼眼睛。

8 ○ ●●●

将金鱼眼睛固定在前端，并用两片玉米皮捆扎固定。

9 ● ● ● ●

撕一条细细的玉米皮做线，如图捆住眼睛的两片玉米皮并打结固定，剪去多余部分。

10 ● ● ● ●

修剪鱼鳍，剪出斜三角形。

11 ● ● ● ●

玉米皮金鱼完成。

② 《玉米皮蜻蜓》制作

▶▶▶▶ 制作步骤

1 ● ● ●

准备几张玉米皮、剪刀。

2 ● ● ●

撕 4 片宽约 2 cm、长度基本一致的玉米皮。

3

取一条细细的玉米皮做线，如图捆住4片玉米皮末端，打结固定。

4

将4片玉米皮分两组，反复相互交叉。

5

一直交叉到蜻蜓身体的合适长度。

6

撕一条细细的玉米皮做线，如图捆住末端，打结固定。

7

撕一片宽度约2 cm的玉米皮，卷成一卷做蜻蜓眼睛。

8

将蜻蜓眼睛固定在前端，并用两片玉米皮固定。

9

撕一片细细的玉米皮做线，如图捆住眼睛的两片玉米皮并打结固定，剪去多余部分。

10

剪去尾部多余部分。

11 ● ● ● ●

撕一片细细的玉米皮做线，如图捆住固定眼睛并修剪出蜻蜓翅膀造型。

12 ● ● ● ●

玉米皮蜻蜓完成。

五、自然材料手工作品欣赏

谢欣霓作品

赵福群作品

陈光慧作品

刘佳惠作品

张永青作品

曾雨荷作品

李安晴作品

曾淑桦作品

林伟煜作品

拓展练习

1. 自然材料拼贴画：练习使用不同形状和颜色的自然材料创作拼贴画，鼓励学生发挥创意，设计个性化的拼贴图案。

2. 编织与缠绕：学习使用树枝、藤条等自然材料进行编织和缠绕制作，设计小型的编织品，如篮子、装饰品等。

3. 自然材料雕刻：练习使用石头、木头等硬质自然材料进行简单雕刻，创作具有一定形态和表情的雕刻作品。

4. 自然材料染色：学习使用植物的根、叶、花等进行天然染色，体验不同材料的染色效果，制作独一无二的手工艺品。

5. 自然材料组合创作：结合多种自然材料，创作复合型手工艺品，设计并制作小型家具、装饰品或实用物品。

6. 环保意识提升：讨论自然材料手工与环境保护的关系，探索如何在手工创作中实现资源的可持续利用。

7. 文化元素融合：研究不同文化中自然材料的使用方式，尝试将本土文化元素融入自然材料手工创作中。

8. 创意思维训练：通过头脑风暴、思维导图等方式激发学生的创意思维，鼓励学生从日常生活中寻找灵感，创作新颖的自然材料手工作品。

安全注意事项：强调在采集和加工自然材料过程中注意安全，教授如何正确使用手工工具，避免受伤。

任务二 环保材料手工

一、环保材料手工介绍

在我们的生活中常常有很多被忽视的废旧材料，它们经过适当的处理，可以减少对环境的负担，为生活带来新的价值和功能。环保材料手工（废物利用）是使用可回收或可生物降解的材料（如废旧报纸、布料、塑料瓶、锡纸、塑料袋等）进行创作的过程，通过艺术创作的方式向人们传达环保的重要性。一件旧衣服，一张废报纸，一个编织袋，甚至一个矿泉水瓶，在一双双巧手的共同努力下，变成了一个个有生命力的、童趣化的作品。从废旧物品到艺术作品，从废弃塑料到环保雕塑，环保艺术家们用他们的双手和智慧，变废为宝，赋予它们新的生命和价值。

依据变废为宝的理念，进行环保材料手工制作，让学生了解到资源再利用的重要性以及环境保护的紧迫性，培养环保意识和创造力，提高学生的观察力和审美能力，激发学生的学习兴趣和探究精神。

环保手工作品

二、材料与工具

基本材料：各式各样的瓶子、罐子、盒子、纸杯、水果网、锡纸、塑料袋、报纸、宣传单、旧布料等。

辅助材料：胶水、针、线、剪刀、热熔胶枪、胶棒、水彩笔、双面胶等。

三、纸杯造型制作

 《纸杯恐龙》制作

▶▶▶ 制作步骤：

1 准备两个纸杯、弹力绳、双面胶、白乳胶、剪刀、锥子和不同颜色的硬卡纸。

2 用剪刀把纸杯的杯口剪掉。

3 用剪刀剪掉纸杯接合处至杯底。

4 用剪刀剪出恐龙的眼睛、牙齿、前腿、棘刺和尾巴。

5 用双面胶将恐龙牙齿贴在纸杯相应位置上。

6 用锥子在纸杯标记处钻出孔并用弹力绳穿过两处。

用双面胶贴上恐龙的眼睛、棘刺、前腿和尾巴，纸杯恐龙完成。

② 《纸杯花》制作

▶▶▶ 制作步骤：

1

准备三个不同颜色的纸杯、吸管、双面胶、绿色彩纸和剪刀。

2

用剪刀把纸杯的杯口剪掉，剪出6个大小均匀的长条形状。

3

如图，剪出花瓣的形状，红色花朵完成。

4

用剪刀把纸杯的杯口剪掉，如图剪出均匀的细长条形状。

5

如图，从细长条末端像蜗牛纹卷起，注意卷出长短不一的效果，黄色花朵完成。

6

用剪刀把纸杯的杯口剪掉，剪出均匀的长条形状，约12条。

7

如图，剪出花瓣的形状，紫色花朵完成。

8

准备一根吸管，贴上双面胶，用绿色彩纸包裹，重复做三根。

9

如图剪出椭圆形叶片，并固定在花秆上。

10

将花秆用双面胶分别固定在花朵背面，纸杯花完成。

③ 《纸帽子》制作

1  准备纸杯、铅笔、双面胶和剪刀。

2  用铅笔在纸杯上画出三等分线，把纸杯平均分成三层，用剪刀剪掉杯口。

3  如图，剪出条形至第二条等分线处，宽度大约 5 cm。

4 先将杯壁线条往外翻折，再从第二条等分线开始朝 45° 方向折，重复此步骤得到纸杯帽子。

四、水果网造型制作

① 《草莓》制作

制作步骤：

1  准备红色和绿色水果网套、剪刀、双面胶、QQ 线和热熔胶枪。

2  把红色网套用剪刀剪成 7 cm 左右的长度，并按纹理剪开。

3 ●●●

如图，按其纹理剪出锯齿状。

4 ●●●

用热熔胶枪将网套首尾粘连。

5 ●●●

用 QQ 线将网套顶端进行缠绕固定，锯齿状端用热熔胶枪粘连。

6 ●●●

如图，锯齿端粘连后草莓主体完成。

7 ●●●

取绿色水果网按其纹理剪出 5 个菱形叶片，如图。

8 ●●●

把 5 个菱形叶片用热熔胶枪进行粘贴制作出草莓蒂，草莓完成。

② 《菠萝》制作

▶▶▶ 制作步骤：

1 ○⋯

准备橙色和绿色水果网套、QQ 线、剪刀和热熔胶枪。

2 ○⋯

如图，把橙色水果网套按纹理线剪开。

3 ○⋯

从一边卷至另一边。

4 ○⋯

在两端 1 cm 处的位置用 QQ 线进行缠绕固定。

5 ○⋯

从开口边将网套两端往里翻，调整后得到一个菠萝躯干。

6 ○⋯

用绿色水果网，按其纹理剪出 4 个菱形叶片，如图。

7 ○⋯

把 4 个菱形叶片用热熔胶枪进行粘贴制作出菠萝头。

8 ○⋯

修剪绿色顶端，用热熔胶枪将其固定，菠萝完成。

③ 《灯笼》制作

▶▶▶ **制作步骤：**

1 ····

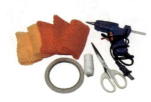

准备 3 个红色水果网套、2 个橙色水果网套、QQ 线、双面胶、剪刀和热熔胶枪。

2 ····

将一个红色水果网套套入另一个红色水果网套中，在两端 1 cm 处用 QQ 线进行缠绕固定。

3 ····

取一个红色网套用剪刀剪 7 个大小相同的形状，将其依次包围，作为灯笼填充物。

4 ····

将填充物塞入内部，用 QQ 线缠绕固定另一端，灯笼主体完成。

5 ····

顺着橙色水果网纹理剪约 1 cm 宽长条，用双面胶固定，装饰灯笼两端。

6 ····

修剪多余部分，使灯笼更加美观。

按橙色水果网纹理剪约 1 cm 宽长条，用热熔胶枪固定，装饰灯笼上端。

如图，继续按橙色水果网纹理剪细长条，卷成絮状后用热熔胶枪固定，装饰灯笼下端，灯笼完成。

五、扭扭棒造型制作

 《郁金香》制作

▶▶▶ 制作步骤：

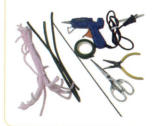

准备粉色和绿色扭扭棒、花秆、花艺绿胶带、剪刀、热熔胶枪和圆嘴钳。

将 2 根粉色扭扭棒对半剪开呈 4 根，再首尾对折。

取其中一根扭扭棒捆住其余扭扭棒，进行扭转固定，再用手指扭出花瓣形状的弧度。

重复步骤 3，一共做 4 个花瓣。

5 ●●●

取两根绿色扭扭棒对折再进行扭转固定，同样抽取另一根扭扭棒扭转固定底端。

6 ●●●

将绿色扭扭棒扭出花叶形状，重复步骤5至步骤6，一共做2片花叶。

7 ●●●

用圆嘴钳把花秆扭出U形，用热熔胶枪将花瓣依次粘贴在花秆上。

8 ●●●

如图，完成花苞部分。

9 ●●●

用花艺胶带连接固定花苞与花秆部分，使其美观，同时固定花叶，郁金香完成。

② 《雏菊》制作

▶▶▶ **制作步骤：**

1 ○━ ○○○

准备淡紫色和淡黄色的扭扭棒、2号花秆、花艺胶带、剪刀。

2 ○━ ○○○

用黄色扭扭棒沿一点缠绕制作出雏菊的花蕊。

3 ○━ ○○○

淡紫色扭扭棒连续旋转6个直径1 cm左右的圆，组合固定作为花瓣。

4 ○━ ○○○

将制作好的花蕊放在花瓣中心位置，用花艺胶带固定花秆部分，一朵雏菊完成。

5 ○━ ○○○

重复步骤2至步骤4制作8朵雏菊，用花艺胶带错落有致地固定在2号花秆上，雏菊完成。

六、锡纸造型制作

 《向日葵》制作

▶▶▶ **制作步骤：**

1

准备锡纸、油性马克笔、海绵纸、2号花秆、剪刀、铅笔、纸杯等。

2

将锡纸垫在蓝色海绵纸上，用铅笔在锡纸上画出向日葵线稿。

3

用剪刀剪出向日葵外轮廓。

4

用油性马克笔在向日葵轮廓上涂颜色。

5

用热熔胶枪将向日葵轮廓固定在2号花秆上。

6

花朵完成，用同样的方法制作3朵不同形态的向日葵。

7

取一个纸杯用锡纸包裹后涂色制作花瓶。

8

向日葵完成。

② 《青山绿水》制作

▶▶▶ 制作步骤：

1 ●●●

准备纸板、锡纸、油性马克笔、剪刀、铅笔。

2 ●●●

用剪刀把纸板剪出山的形状。

3 ●●●

取一张大小合适的锡纸捏成一团。

4 ●●●

将锡纸展开，注意不能破损。

5 ●●●

将锡纸包裹在剪好的纸板上，并用双面胶固定。

6 ●●●

用油性马克笔在锡纸上涂色。

7

根据以上步骤做出不同大小的单个山体后组装在一起，作品完成。

七、环保手工服装制作

 《公主裙》制作

▶▶▶ 制作步骤：

1

准备2个干净的红色可抽式塑料袋、服装架、剪刀、双面胶、QQ线、黄色毛球等。

2

将可抽式塑料袋的开口部分剪掉待用。

3

在剪出的开口处抽出里面的蓝色部分。

4

用红色细条缠绕制作上衣，可用双面胶固定。

5

如图，经缠绕制作出自己满意的效果。

6

在可抽式塑料袋的两端贴上双面胶。

7

对折出一长一短两条，撕开双面胶固定，并将长的另一端剪开。

8

将有双面胶的一端再贴上双面胶做出褶皱效果。

9

两层褶皱中长的在下，短的在上，用双面胶固定在腰部。

10

开口处抽出来的蓝色制作腰带，可用双面胶固定。

11

第二个垃圾袋用 QQ 线如图打结，每个节间距离约 5 cm。

12

在结与结的中间部分剪开。

13 ○ ● ● ●

将剪切面整理展开得到小球。

14 ○ ● ● ●

用同样的方式制作6个小球。

15 ○ ● ● ●

将制作好的小球固定。

16 ○ ● ● ●

在外层裙边装饰黄色毛球，公主裙完成。

❷ 《花瓣裙》制作

▶▶▶ **制作步骤：**

1 ○ ● ● ●

准备黄色纸藤、服装架、剪刀、双面胶、锥子等。

2 ○ ● ● ●

剪约4 cm的黄色纸藤并展开。

3 ● ● ●

将纸藤剪出花瓣形状，注意顺着纸的纹理方向。

4 ● ● ●

用锥子从花瓣的顶部卷到二分之一的位置。

5 ● ● ●

将纸藤朝锥子手柄方向向下压后展开，花瓣的另一侧用同样的流程再做一遍。

6 ● ● ●

如图，整理花瓣形状，花瓣完成。

7 ● ● ●

重复步骤3至重复6做出足量的花瓣，并在花瓣的背面靠花瓣底部处贴上双面胶。

8 ● ● ●

剪合适长度的纸藤展开包裹躯干，并用双面胶固定。

9 ● ● ●

根据个人喜好修剪边缘。

10 ● ● ●

从裙子底部开始贴花瓣，逐层向上贴，边贴边调整。

11 花瓣贴至腰间处并整理。

12 剪出不同长度的纸藤展开，然后另一端剪出不同长度的流苏状。

13 把流苏交错排列并用双面胶固定后，修剪合适的大小，用双面胶固定在胸前。

14 取展开后长12 cm、宽3 cm的纸藤折叠，用双面胶固定在腰间，剪去多余部分，花瓣裙完成。

③ 《蛋糕裙》制作

▶▶▶ **制作步骤：**

1 准备 A4 绿色和蓝色海绵纸各一张，服装架、双面胶、剪刀、装饰材料。

2 将 35 cm 长绿色海绵纸对折1.5 cm 宽度，在纸的一侧贴上双面胶固定。

3 ●●●

对折用双面胶固定后，另一端垂直剪出流苏状。

4 ●●●

根据步骤2和步骤3对折宽度5 cm、3 cm、1.5 cm绿色海绵纸各一条。蓝色海绵纸同上面一样也各做一条，注意流苏的宽度，并在一端贴上双面胶。

5 ●●●

剪裁出合适大小的蓝色海绵纸包裹躯干，并用双面胶固定。

6 ●●●

选宽度1.5 cm的绿色海绵纸，流苏边朝上包裹上身，撕开双面胶固定在上衣上方。

7 ●●●

绿色和蓝色交叉固定，如图完成上衣部分。

8 ●●●

下半裙裙褶部分将海绵条从下往上依次交叉颜色贴至腰间。

9 ●●●

剪约0.6 cm宽的海绵纸腰带用双面胶固定在腰间，剪去多余部分。

10 ●●●

用贴片装饰腰间部分。

11 ○○○

蛋糕裙制作完成。

八、环保手工作品欣赏

黎宇琳作品

叶璐作品

学生作品

唐小婷作品

黄舒妍作品

王玉梅作品

陈明玉作品

黄雅桐作品

黄雅桐作品

 **拓展练习**

1. 废弃物分类与再利用：练习对废弃物进行分类，并探索其再利用的可能性，设计小型任务，如将塑料瓶改造成花盆或储物容器等。

2. 环保材料拼贴艺术：使用旧报纸、杂志、布料等材料创作拼贴画，鼓励幼儿探索不同的拼贴技术和艺术效果。

3. 环保材料雕塑：使用废旧金属、塑料或木头等材料进行雕塑创作，练习基本的雕塑技巧，如切割、黏合和打磨等。

4. 环保材料装饰艺术：利用废旧物品制作家居装饰品，如用旧光盘制作的挂饰，探索环保材料在现代装饰艺术中的应用。

5. 环保材料时尚设计：利用废旧布料、纽扣等材料设计和制作时尚配饰，学习基本的缝纫和设计技巧。

探寻传统

嵌　瓷

嵌瓷，俗称"贴饶""聚饶""扣饶"或"剪黏"，是以灰塑为基础，运用各种彩色瓷片剪裁镶嵌成表现形象的手工艺术品，主要用于祠堂、庙宇、亭台、楼阁等活动场所和大型宅第的美化装饰，装饰部位主要有屋檐、脊头、屋角、山墙、照壁等。其构图雄伟，色彩绚丽，形象生动，质地坚实，久经风雨或烈日曝晒而不褪色，被誉为"永远亮丽的民间造型艺术"。

嵌瓷流行于潮汕，潮州地区尤为常见，闽南及台湾地区也有采用。潮州自古为瓷都，生产过程中不免会出现低品级的废弃瓷器，一开始可能是艺人偶然变废为宝，利用彩色碎瓷片嵌贴小花卉来代替装饰宗庙祠堂和民居的彩绘，从而推动嵌瓷艺术的出现。嵌瓷作品具有色彩鲜艳、质地坚实，可久经风雨吹打、烈日曝晒而不褪色的特点，是其他装饰户外建筑物的工艺品无法替代的。其题材丰富，包括人物、走兽、花鸟、博古等形象，在装饰形式上通常按一定的格式来区分，例如，庙宇、祠堂、屋脊正面的嵌瓷多以双龙戏珠、双凤朝牡丹等雕饰为题材；脊头、屋角的嵌瓷多是古代文武加冠立体人物，如《三国演义》《封神榜》里的人物，目前汕头市区老妈宫（天后宫）的嵌瓷装饰就有《盗仙草》《宝莲灯》《郭子仪拜月》等元素；而照壁上的嵌瓷多以飞禽走兽等图案为题材，如麒麟、狮象、龙虎、仙鹤、梅鹿等，构图多采用两边对称。按表现手法可分为平嵌、半浮嵌及立体嵌三类，平嵌是直接在建筑物要嵌瓷的地方张贴，内容一般为小型图案、纹样；半浮瓷在建筑物中使

用最普遍，装饰部位主要在照壁、屋脊立面；立体嵌四面可观，是嵌瓷技艺的华彩部分，装饰部位主要是屋脊、厝头、垂带，现今建于明末的遗存古建筑中，屋脊上尚能见到利用碎瓷片嵌贴成的简单的花卉图案。

嵌瓷始于何时没有史志记载，《广东工艺美术史料》称潮汕嵌瓷的产生可追溯至明代万历年间（1573—1620年）。明代初期的嵌瓷不甚精工，图案、色彩比较简单。清末以来，瓷器生产作坊与嵌瓷工匠紧密配合，专门烧制各种色彩的低温瓷器作为专用材料，大大丰富了嵌瓷的色彩、构图。20世纪五六十年代，艺人已开始尝试把建筑装饰的嵌瓷艺术发展成为供陈设观赏的艺术品——嵌瓷屏画，有挂屏、立体件等。作为可近距离观赏的工艺品，嵌瓷屏画在原材料剪裁、造型设计、颜色搭配方面都比镶嵌在建筑物上的嵌瓷更注重精工细作。有些作品还加以贴金、描银、用玻璃珠点缀等，不少作品成为嵌瓷艺术的珍品，如《方十三罪行录》、《荆轲刺秦王》（挂屏）、《和平鸽》（立体件）、《八仙》、《大闹天宫》等。

潮汕嵌瓷人才济济，普宁的陈武州与何翔云、潮阳的吴丹成、揭阳的魏天禄等都是嵌瓷艺术名师。随着传承艺人的不断推陈出新，嵌瓷艺术在现代社会也展现出了多元的发展，祠堂庙宇的持续运用，匠师们在遵循古法的基础上，不断追求自己的艺术特色，匠师团队与建筑设计单位合作创作融入空间环境的嵌瓷艺术作品。同时，随着社会对传统文化的逐渐重视，民族自信心逐步提升，嵌瓷回归成为民居建筑装饰的亮点，匠师们不断创新，将嵌瓷创作演绎成为可以融入家居空间的挂饰、摆设艺术品，在新的设计、创作思维的驱动下，嵌瓷被演绎成为现代的艺术作品、艺术装置而融入现代公共空间。古老的嵌瓷艺术正以其独特的魅力，吸引着越来越多目光，展现了强大的生命力。

潮州青龙古庙·前座正脊顶双龙抢宝、脊肚八仙　　　卢芝高作品

曹小曹摄

潮州开元寺·屋脊嵌瓷三羊开泰　　　　　曹小曹摄

汕头梅祖家祠·屋脊嵌瓷　　　　　　　陈旭南摄

深圳地铁荔湾站·《海之狂想曲》　　　　陈旭南作品
　　　　　　　　　　　　　　　　　　曹小曹摄

汕头沟南村世祜许公祠·通花脊三雄图　　　　　陈旭南摄

《海·魂》　　　　　陈旭南作品
曹小曹摄

参 考 文 献

[1] 辛立刚，龙尚能，李春丽．幼儿手工制作 [M]．长沙：湖南师范大学出版社，2021．

[2] 张晓嘉，魏明坤．美术 [M]．3 版．北京：高等教育出版社，2018．

[3] 蒋慧姣．手工 [M]．2 版．长春：东北师范大学出版社，2021．

[4] 王鑫．学前儿童美术教育 [M]．长春：东北师范大学出版社，2019．

[5] 胡爱华．儿童剪纸大全 [M]．哈尔滨：黑龙江美术出版社，2014．

[6] 钟海宏．幼儿园手工 [M]．上海：华东师范大学出版社，2010．

[7] 马松翠．手工 [M]．2 版．北京：高等教育出版社，2021．

[8] 陈郁，谭芳．手工 [M]．6 版．长沙：湖南大学出版社，2020．

[9] 袁铱琳，杜丽娜．美术基础 [M]．石家庄：河北美术出版社，2022．

[10] 孙华庚．手工实用教程 [M]．3 版．北京：北京师范大学出版社，2021．

本书配套课件和教案资源扫描下方二维码可获取

《手工基础》配套 PPT

《手工基础》教案